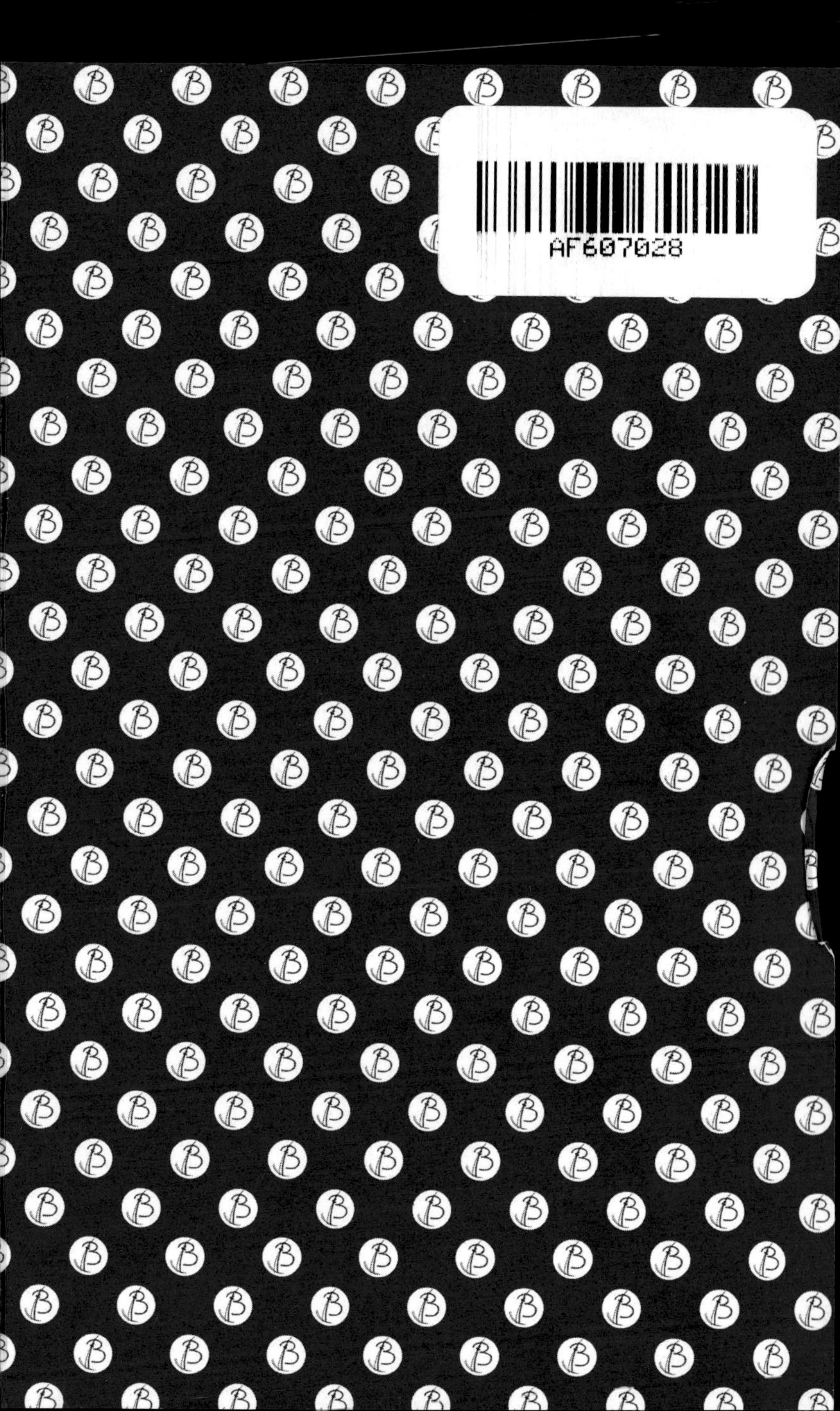

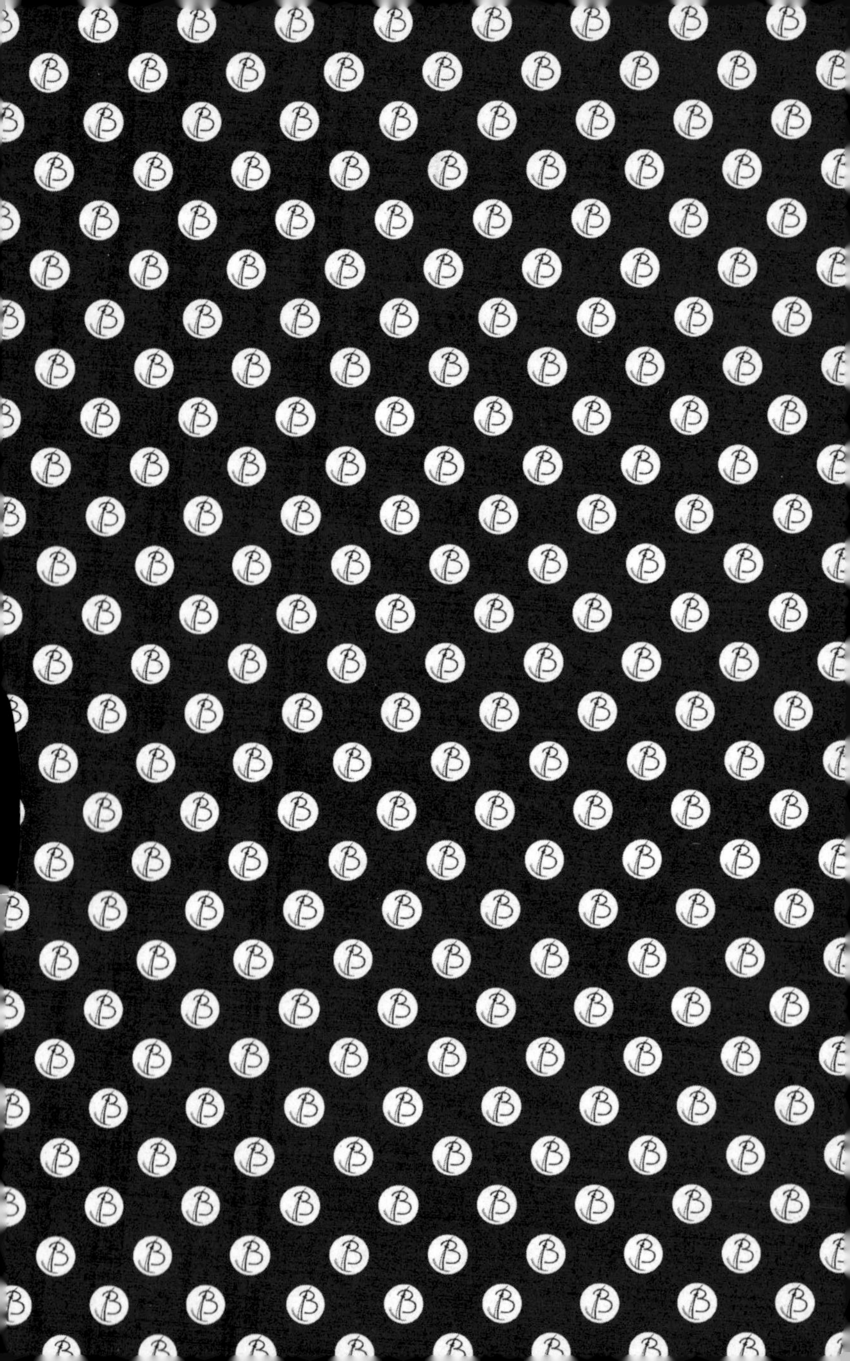

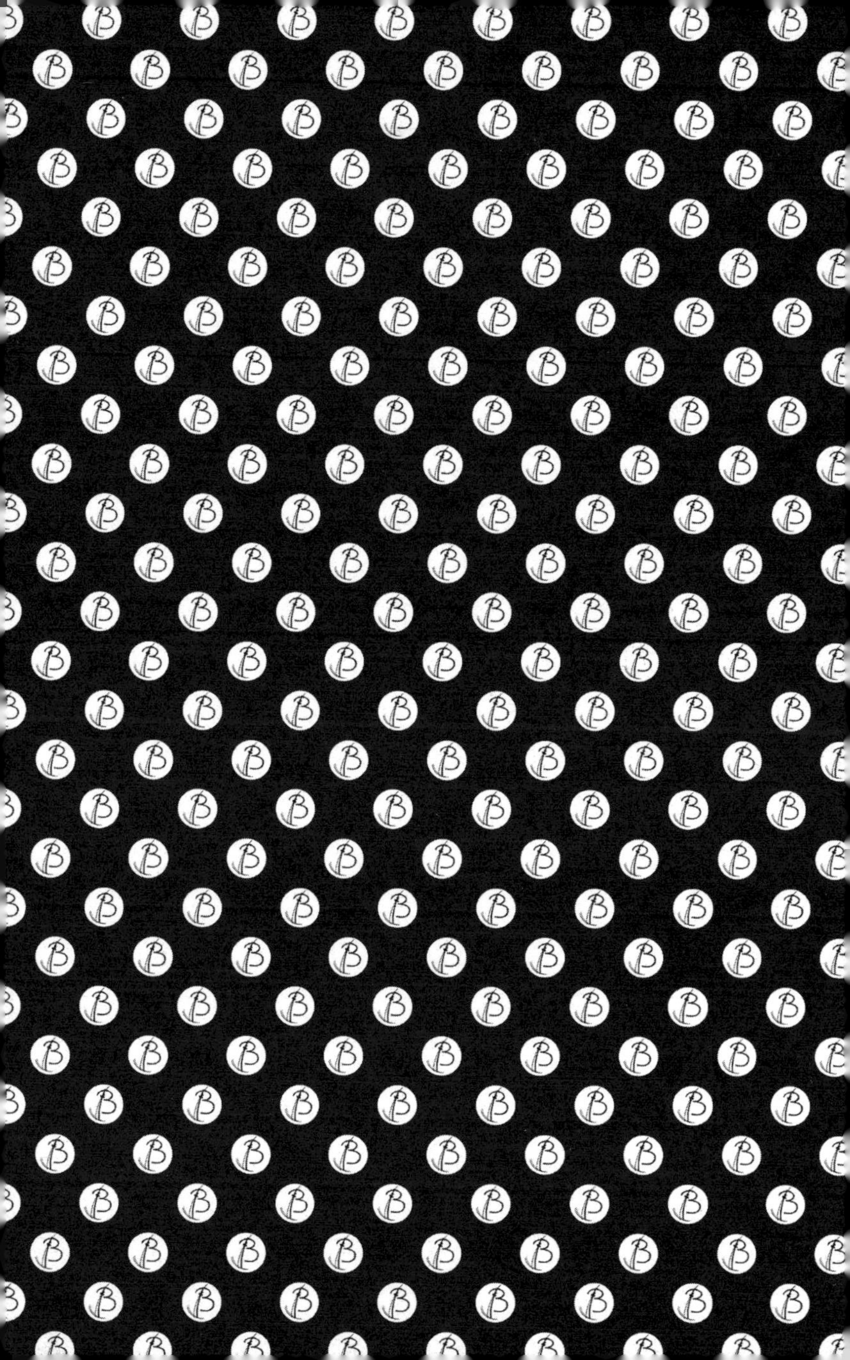

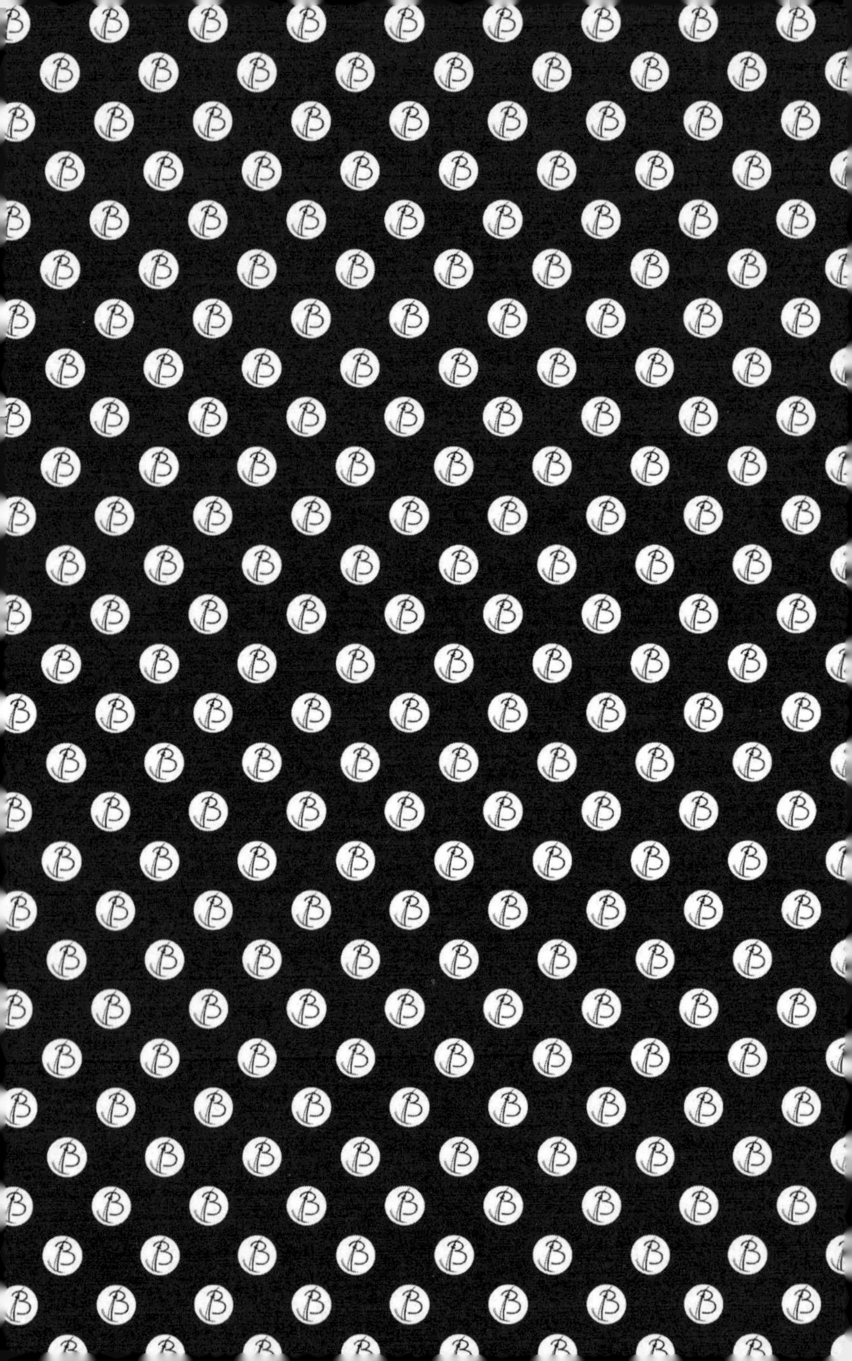

Áurea Ortiz Villeta

El arte de inventar la realidad

Cuando la ficción dinamita las certezas

Primera edición: marzo 2024

Compaginación:
Barlin Libros

Dirección editorial:
Alberto Haller

Publicado por:
Barlin Libros
Avda. Baleares 61-20
46023, València

Thema: JBCT
ISBN: 978-84-128032-4-2
Depósito legal: V-581-2024

Impreso en España

editorial@barlinlibros.org
www.barlinlibros.org

Tabla

Introducción

La llegada de la imagen en movimiento supuso un cambio revolucionario del que creo que no somos del todo conscientes. No solo se convirtió en una forma de entretenimiento y una expresión artística, entre otras muchas cosas; básicamente, cambió nuestra relación con la realidad. Desde su llegada, y tras su inmensa difusión planetaria, nos permite acceder a imágenes de cualquier lugar del mundo, a realidades de las que nunca tendremos la experiencia directa; a través de ella, vivimos de forma vicaria vidas ajenas. Esto ya sucedía con la literatura, por supuesto, pero la imagen atrapada en una pantalla es otra cosa: ofrece una ilusión de realidad nunca vista antes, como si estuviéramos mirando directamente el mundo real aunque estemos a miles de kilómetros o decenas de años de ese mundo. Las imágenes suplantan a la realidad y la mayoría de las veces no nos damos cuenta. Incluso, o mejor dicho, sobre todo cuando es ficción; cuando esas imágenes nos cuentan una historia. Los relatos audiovisuales cuentan el mundo y el presente y, muchas veces, lo sustituyen. En general, para bien. De muchas de las cosas que vemos en una película nunca tendremos una experiencia directa —quizá haya que añadir que *afortunadamente*—. No podemos vivir todas las vidas, en todos los lugares, en todos los tiempos. Pero no pasa nada, para eso está la experiencia vicaria, sustitutiva, que nos ofrece el arte, y el cine por encima de todo. Vicario, según la RAE: «Que tiene las veces, poder y facultades de otra persona o la sustituye». Ni que estuviera definiendo al cine.

Amo la ficción, no puedo vivir sin ella. Es más: voy a pasarme al plural, y afirmar que no podemos vivir sin ella. En 2019 apareció una noticia con el descubrimiento en Indonesia de unas pinturas rupestres que contenían la primera escena narrativa conocida, el ejemplo más antiguo que tenemos. La obra tiene 43.900 años. Dicen los arqueólogos que la han estudiado que: «La capacidad de inventar historias de ficción pudo ser la etapa clave en la aparición del lenguaje y pensamiento humanos». Y la paleoantropóloga María Martinón-Torres, directora del Centro Nacional de Investigación sobre Evolución Humana (Cenieh), comentaba en la noticia: «Me parece conmovedor encontrar las raíces profundas de algo que es tan genuinamente humano como la capacidad de contar historias».[1]

Muy conmovedor, cierto. Había que cazar, había que protegerse del frío o del calor, de los animales y de la naturaleza, había que sobrevivir. Pero, por algún motivo que todavía desconocemos, también había que

1 Nuño Domínguez, «Descubierta la obra de arte más antigua», en *El País*, 11/12/2019

contarlo. O imaginarlo. O (re)crearlo. Y por eso desde hace, como mínimo 43.900 años, vivimos con la ficción, con ese impulso inexplicable de contar historias en imágenes. Las necesitamos para expresar certezas y dudas, miedos y alegrías o incluso lo inexpresable. Nos explican y nos desafían. Nos permiten habitar el mundo. Desde aquella primera escena de caza —primera que sepamos; puede que otros descubrimientos atrasen aún más la fecha— hasta el final del último capítulo de la última serie estrenada. Han transcurrido unos cuantos milenios y hemos creado infinidad de ficciones a través de todo tipo de medios, pero seguimos necesitándolas para relacionarnos con la realidad. Una imagen contiene todas las imágenes, un relato todos los relatos. Y en ellos van nuestros deseos y nuestros miedos. Exorcizados por aquel sorprendente gesto primario y primordial de un ser humano que decidió, vete a saber por qué, pintar una escena narrativa en una pared de roca.

Dice también la paleoantropóloga en el artículo: «Incluso si lo que pretendían únicamente con esas figuras era rememorar una hazaña pasada, ensalzar la valentía o la bravura de algunos cazadores atribuyéndoles capacidades sobrehumanas, es maravilloso pensar que quizá estemos admirando la primera metáfora de la prehistoria». Metáfora. Resulta que sin la metáfora no somos nada. De algo de eso hablaremos.

Este pequeño ensayo surge de esas dos convicciones: que no podemos vivir sin ficción y que el mundo cambió con la llegada del cine. Debería añadir una tercera: la de que hoy en día, rodeados por todas partes de imágenes y relatos audiovisuales, que no solo consumimos, también creamos, la confusión entre ficción y realidad es mayor que nunca. La imagen sustituye a la realidad. Pero lo que sigue no es un tratado de cine ni va a ofrecer definiciones, tampoco disquisiciones filosóficas: no es mi campo. Se trata más bien de un conjunto de impresiones y reflexiones, quizá un poco fragmentarias, que han ido surgiendo aquí y allá frente al modo en que las ficciones son recibidas. Algunas nacen del desconcierto frente a esas reacciones, otras de cierto enfado ante la persistencia irritante con la que algunos relatos de ficción moldean machaconamente la realidad. Por ejemplo, el mito del amor romántico. Pero, si miro muy en el fondo, sé que proceden de la necesidad de defender la ficción, de quitarle hojarasca, de olvidar el «basado en hechos reales», esa plaga, de dejar de compararla con la realidad para entenderla. La ficción es un fin en sí misma, no es mejor cuanto más se parece al mundo, no es ese su papel. La ficción es artificio, es ilusión, es creación, es construcción. Siempre, incluso en la obra más realista. Siempre, incluso en eso que llamamos documental, que no es tal, y de lo que también hablaremos.

Vuelvo a la RAE. Dice que ficción es, en su primera acepción, «acción y efecto de fingir»; en la segunda, «invención, cosa fingida» y en la tercera, «clase de obras literarias o cinematográficas, generalmente narrativas, que tratan de sucesos y personajes imaginarios». No dice la RAE que su poder es enorme, que nos hace cambiar de opinión, que la imitamos, que a veces se confunde con la realidad y la anula, que no siempre la distinguimos de lo real y que, a veces, incluso parecemos vivir en ella.

De todo eso va *El arte de inventar la realidad*. Con ejemplos y con bastantes preguntas. Dice en el subtítulo: «Cuando la ficción dinamita las certezas». Una frase ambigua, que puede ser positiva si esas certezas son nocivas para la salud social. Por ejemplo, si rompe algún prejuicio, o si una película logra que un racista se coloque en el lugar de una víctima. Pero también es negativa cuando nos hace dudar sobre si lo que estamos viendo es real o no, si la realidad está teñida de algo que antes ha sido ficción, o si esta, mostrando algunas cosas, está tapando otras. Durante mucho tiempo las ficciones creadas en Hollywood han configurado una imagen de Estados Unidos idealizada y han colonizado otras ficciones, contribuyendo de forma decisiva a su supremacía mundial. Y entretenidos en sus muy eficaces producciones, no hemos notado que nos faltaban muchas otras miradas que no tenían ninguna opción de entrar en el juego del mal llamado *libre mercado*, porque no tiene nada de libre. Todos los gobiernos, mucho más los autoritarios, pero no solo, intentan controlar la producción audiovisual. Y las grandes plataformas pueden no tener muchas ganas de apoyar determinadas historias que consideran que les pueden traer problemas. Y así, Rodrigo Sorogoyen, tras hacer una de las mejores series de nuestra historia, *Antidisturbios* (2020), y de demostrar que es uno de nuestros mejores cineastas, ha tenido que renunciar a su proyecto de serie sobre la Guerra Civil ante el giro conservador que ha dado Movistar+. Esa censura previa es una forma, nada implícita, de reconocer que la ficción es poderosa y tiene grandes efectos sobre la percepción social de los hechos, la historia y el presente. Es decir: siempre es política.

No puedo más que agradecer la oportunidad que me ha brindado el editor de Barlin de reunir estos pensamientos, muchas dudas y alguna que otra certeza en estas páginas. Ello me ha obligado a pensarlas conjuntamente, y a intentar encontrar cierto sentido a lo que era una idea firme, pero no aterrizada, tratada en clase al intentar explicar la historia del cine, en artículos breves de prensa, en críticas de series o películas, en intervenciones en mesas redondas o en la radio. He tenido que buscar ejemplos, revisar los que ya tenía, establecer rimas y conexiones y pensar en conjunto sobre lo que son más bien signos o síntomas de esa confusión. Creo que en las páginas que siguen hay unas cuantas ideas; unas más desarrolladas que otras y algunas solo apuntadas. En parte por las propias características de la colección en la que se publica el libro, pero también por un prurito de quien esto firma. Porque he preferido dejar la intuición, aunque no llegue a una conclusión: puede que a alguno de ustedes le sirva para pensar su propia relación con las imágenes y con la realidad. O porque a veces me ha parecido más importante sugerir que afirmar. O porque me he limitado, sin más, a expresar dudas o a hacer por escrito el equivalente a pensar en voz alta. Espero que lo que aquí cuento les invite a pensar sobre las imágenes y relatos que consumimos. Creo que es esencial hacerlo: ninguna reflexión sobre nuestro presente puede dejar de lado las imágenes, los relatos audiovisuales y cómo se construye la representación. Hay muchas batallas hoy en día, desgraciadamente, pero la de las imágenes también es una. Y es crucial.

La máquina de crear ficciones

Cuenta la leyenda que, cuando en las primeras sesiones del Cinematógrafo Lumière, allá por 1895, aparecía en la pantalla el tren en la estación de La Ciotat la gente gritaba aterrorizada pensando que se les echaba encima, como si fuera una locomotora de verdad y no una proyección. Es una historia poderosa esa que sitúa al cine como sustituto de lo real desde su origen, y puede que el sobresalto del público fuera cierto, pero es probable que no se debiera a que temieran ser arrollados por un tren, sino a la indudable sorpresa que debían provocar semejantes imágenes, unas nunca vistas antes, o nunca vistas así. No era tanto una confusión entre la realidad y la ficción como puro asombro.

No podemos negar que la ilusión de realidad que el cinematógrafo ofrecía era incomparable con la fotografía y con otros espectáculos ópticos que el público tenía a su alcance y que combinaban técnicas teatrales y escenográficas con elementos de proyección de imágenes, como los panoramas y dioramas, las fantasmagorías, los teatros ópticos y muchos más. El motivo está claro: el movimiento marcaba la diferencia esencial. Ni la pintura ni la fotografía podían competir en realismo, porque aquello era la vida atrapada en una pantalla, como no dejaban de repetir las crónicas periodísticas y los eslóganes publicitarios. Resultó que la famosa «ventana abierta al mundo» con la que el humanista y filósofo Leon Battista Alberti (1404-1472) había bautizado el nuevo modo de representación del siglo XV, con su *perspectiva artificialis* y su esforzada imitación de la realidad, ya no era la pintura, sino el cine, un artilugio mecánico hijo de la Revolución Industrial y el positivismo. Una nueva tecnología, hubiéramos dicho hoy. Nunca la expresión de Alberti pareció más cierta que con el cine, entonces y ahora: resulta dificilísimo evitar la sensación de que nos asomamos a un trozo de mundo, uno que continúa más allá de los bordes de la pantalla.

Hasta tal punto esa ilusión era potente; esas imágenes fijas que pasaban en el cinematógrafo a razón de 18 por segundo remedaban de tal modo el movimiento, la vida, que hacían olvidar dos aspectos que diferían completamente de la realidad: la ausencia de color y la de sonido. Las crónicas de la época no dejan lugar a duda. «A lo lejos, los árboles se agitan, se ve venir la ráfaga de viento que levanta el cuello del niño». «El viento sopla y las olas levantadas se deshacen sobre las rocas que inunda de espuma. Hasta hay un momento en que la ola oscurece completamente la vista y estamos convencidos de que, como nosotros, los numerosos visitantes del cinematógrafo no podrán contener el grito de emoción que nace del espectáculo de los elementos desencadenados». «Un humo negro sube del horno: se ve enrojecer el hierro en el fuego, alargarse conforme se le bate, producir luego, cuando se le hunde en el agua, una nube de vapor que se eleva lentamente en el aire y que un golpe de viento dispersa de repente».[2] Este último texto resulta muy significativo al hablar de color, «se ve enrojecer el hierro», cuando en la pantalla todo era gris, negro y blanco. El cine parecía añadir a otras formas de representación visual —pintura, fotografía, panoramas, dioramas, espectáculos de proyecciones—, precisión y verdad, gracias a la ilusión de movimiento —el estremecimiento de las hojas, las olas que rompen, la nube de vapor— que el nuevo invento proponía a la mirada fascinada del espectador.

Pero no todo el mundo aceptó la ilusión. Hubo quien no vio la vida, sino todo lo contrario. El escritor ruso Máximo Gorki escribió su experiencia con el cinematógrafo en su famoso artículo «El reino de las sombras», donde contó las nefastas impresiones que le produjo su primera visita al cine: «La noche pasada estuve en el reino de las sombras. Si supiesen lo extraño que es sentirse en él. Un mundo sin sonido, sin color. Todas las cosas —la tierra, los árboles, la gente, el agua y el aire— están imbuidas allí de un gris monótono. Rayos grises del sol que atraviesan un cielo gris, grises ojos en medio de rostros grises y, en los árboles, hojas de

2 *La Poste*, París, 20-12-1895, *Le Progrés*, Lyon, 6-4-1896 y *Lyon republicaine* 26-1-1896, respectivamente.

un gris ceniza. No es la vida sino su sombra, no es el movimiento sino su espectro silencioso. (...) Ante ti se despliega una vida, una vida carente de palabras y despojada del espectro de los colores vitales: una vida gris, muda, desolada y lúgubre». Gorki no cayó en la trampa y fue consciente de la artificiosidad de aquello que estaba viendo; sabía que estaba ante una representación y no ante la realidad.

Bien es verdad que, en el fondo, quienes miraban fascinados la pantalla eran conscientes de que estaban ante un espectáculo. Lo que compraron, afortunadamente para el desarrollo del nuevo invento, fue la ilusión, dejándose seducir, muy felices, por aquel nuevo artilugio. Gorkis hubo muy pocos. Y desde entonces la imagen en movimiento se convirtió en imprescindible: primero llegó el cine, que fue el gran medio de expresión del siglo XX, luego la televisión entró en todos los hogares y ahora, en el siglo XXI, llevamos a todas partes una cámara que nos permite convertir en imagen en movimiento nuestra propia vida... lo cual no deja de ser una curiosa vuelta a los orígenes, solo que a escala gigantesca. Al fin y al cabo, los Lumière, en sus sesiones de presentación del cinematógrafo, mostraban su existencia cotidiana, más o menos como hacemos nosotros: la comida del bebé, los paseos por Lyon, la salida de los obreros de su fábrica, su entorno, su casa, sus vecinos, su familia. Estampas de su vida burguesa de industriales acomodados que, muchas veces, estaban ensayadas y representadas... más o menos como hacemos nosotros.

Porque ni siquiera a ellos les bastaba con la realidad: no era suficiente. Y por eso, los obreros y trabajadoras de la *Salida de la fábrica Lumière de Lyon* (1895) ensayaron la salida y se colocaron ordenadamente para la filmación, y en la ya citada *Llegada del tren de la estación de La Ciotat* (1895), la señora Lumière con su hijo de la mano se mezcló en el andén con los viajeros auténticos para correr apresurada como si tuviera que coger el tren. Así fue cómo desde el principio, el cine, que fue saludado con alborozo como el milagro científico que mostraba la vida y la verdad tal cual, nació engañándonos y anunciando aquello en lo que se iba a convertir principalmente: una máquina de crear ficciones, incluso cuando partía de una intención documental.

Solo un poco después, en Estados Unidos, Thomas Alva Edison y sus operadores filmaron las guerras de Estados Unidos contra España en Cuba (1898) y Filipinas (1899). Allí se desplazaron con las muy rudimentarias cámaras del nuevo invento, que Edison había desarrollado por su cuenta, para filmar las maniobras de los soldados, la llegada de las tropas, la vida en la retaguardia o las consecuencias de alguna batalla. Lo que no podían filmar eran las batallas mismas; imposible desplazarse con aquellos armatostes carentes de movilidad que solo podían rodar un minuto de película cada vez. Así pues, en busca de ofrecer la noticia, pero, sobre todo, una espectacularidad de la que carecían las imágenes que venían de Cuba y Filipinas, las escenas de batalla se recrearon en Florida con actores y extras. Y es que Edison siempre tuvo clarísimo que la nueva invención de las imágenes en movimiento era un espectáculo con el que ganar mucho dinero. No hace falta observarlas con mucha atención[3] para detectar cómo se repiten los paisajes y el modo en que los hombres que allí aparecen están fingiendo luchar, atacar o morir. Las descripciones de esas filmaciones en los catálogos de Edison, los que ofrecía a los exhibidores, eran ambiguas, de forma que no siempre quedaba claro que se trataba de recreaciones, aunque sí especificaba lo emocionantes que eran: «Pulse-quickening incidents and happenings of the Cuban War. Romantic and picturesque» —Incidentes y sucesos de la Guerra de Cuba. Románticos y pintorescos— reza en la descripción de *Heroes of '98*. Estas filmaciones fueron muy populares. De hecho, Edison desarrolló una marca propia para ellas, el Wargraph, un conjunto de estas cintas de un minuto con imágenes de la guerra que circulaba por salas de vodevil y ferias, que eran los lugares donde, en los albores del cine, se veían las películas: entre el número del mago, el grupo de danza, los acróbatas y el *freakshow* con los llamados fenómenos de la naturaleza —la mujer barbuda, el hombre más fuerte del mundo o el más pequeño—. Como ven, las *fake news*

3 Las películas sobre Cuba y Filipinas producidas por Thomas Alva Edison están disponibles en la cuenta de youtube de la Biblioteca del Congreso, Library of Congress, bajo el epígrafe The Spanish-American War.

y la manipulación informativa son tan antiguas como el cine.

Hoy en día las imágenes nos rodean por todas partes, de un modo que jamás los Lumière, ni siquiera Edison con su amplia visión comercial, imaginaron, y cuesta mucho sustraerse a su influencia y a un cierto estado de confusión. Decimos que hemos visto tal o cual cosa, cuando, en realidad, solo hemos visto su representación audiovisual o icónica; un discurso construido según determinadas reglas, sobre un referente al que nunca accedemos de forma directa puesto que lo vemos en la televisión, el cine, la fotografía o el ordenador. En general, tendemos a creer que aquello que recoge una cámara, lo que aparece en el encuadre, existe al margen de esa cámara. Por supuesto que, tanto en una foto como en una película, en algún momento el referente fue real y en el instante de la captación de la imagen hubo un cuerpo humano de carne y hueso y un espacio físico en torno a ese cuerpo que la cámara atrapó. Ahí radica una parte de la enorme capacidad del cine para hacernos creer en la ilusión; pero lo único cierto es que, una vez reducida la realidad a imagen, a representación, solo quedan relato y discurso. Y esto es así tanto para el documental como para la ficción.

La ilusión de realidad, y aquí la palabra importante es ilusión, se impone incluso cuando estamos ante una producción claramente ficcional. De hecho, al decir cine, la mayoría de la gente piensa exclusivamente en una película de ficción, donde a una serie de personajes inventados por alguien y construidos para la ocasión les suceden cosas, y no incluye el documental. Como espectadores, nos dejamos llevar por una historia que es a la vez ajena —les sucede a otros— y nuestra —ahí están nuestros deseos, nuestros temores...— y, en un juego sutil y no del todo aclarado, aunque somos conscientes de que esa imagen que miramos y sentimos es una construcción, ponemos en suspenso ese saber para dejarnos llevar, con alegría, por la ilusión, y olvidamos algo tan obvio como que estamos ante una representación de la realidad y no ante la realidad misma. No estamos muy lejos de los espectadores del Wargraph de Edison.

El supuesto fragmento de mundo que la película ofrece a nuestra mirada nos parece real y continuo, pero no lo es. Por muy tridimensional que parezca, la película es una superficie plana, tiene altura y anchura, pero no profundidad. El espacio fílmico es siempre un espacio ilusorio, construido mentalmente mediante la unión de fragmentos que dan la impresión de continuidad espacial, como si lo que estuviéramos viendo fuera solo un trozo de la realidad, aunque de hecho sean imágenes fragmentarias, planos unidos por el montaje. El único lugar donde suceden las ficciones es en una pantalla plana y bidimensional, donde se crea la ilusión de un espacio continuo y en tres dimensiones. Pero es un espacio construido simbólicamente por el espectador gracias al encuadre, el marco y el montaje. Es decir: en el cine, el espacio, en el sentido más amplio y diverso del término, y con él, el paisaje que incorpora, son siempre imaginarios. Como en la pintura.

Lo que el cine añade a la imagen es el movimiento, es decir, el tiempo. Establece duraciones, recorridos y provoca sucesos, incluso aunque no haya alguien realizando acciones; incluso aunque el plano muestre solo un paisaje sin habitantes humanos. Si cae una hoja, si llueve, si el viento se agita, se introduce una acción y con ello un relato, el que la cámara construye para nuestra mirada: el de la hoja que cae y transforma al árbol, el de la lluvia que empapa y cambia la luz, el del viento que mueve los objetos. Si colocamos dos imágenes fijas de forma consecutiva inevitablemente estableceremos una conexión entre ellas. Es el principio elemental del montaje cinematográfico, sobre el que se ha construido toda la historia de la imagen en movimiento. Y esto ciñéndonos a lo estrictamente visual, sin contar con los efectos de sentido que el sonido provoca.

La máquina y su circunstancia

Estábamos en que la ficción se impuso en el medio cinematográfico y la máquina que nació como una curiosidad científica acabó por dedicarse a contar historias y a provocar emociones. Las películas de aventuras, acción y suspense como las realizadas por D. W. Griffith desde 1908, o las protagonizadas por Pearl White desde 1910, coparon las pantallas y, además de satisfacer la necesidad de emoción del público, crearon un lenguaje visual que cristalizaría en lo que llamamos cine clásico o modo de representación institucional, basado en el *raccord*, el montaje transparente y la continuidad espacio-temporal. Es decir: todo un dispositivo empeñado en ocultarse, en que no apreciemos los cortes ni percibamos que todo aquello que discurre en la pantalla son fragmentos unidos entre sí por una serie de reglas basadas en la idea de continuidad. Es como si el relato se construyera a sí mismo, fluidamente, mediante una concatenación imparable de causas y efectos. Piensen en los valores que asociamos al clasicismo, sea en los periodos así llamados de la Antigüedad grecorromana, sea en el Renacimiento de los siglos xv y xvi: armonía, proporción, equilibrio. Pues eso es lo que ofrece el cine así entendido.

En esta evolución jugó un papel destacado un género, a priori frívolo y banal, cuya única pretensión es la de divertir. Ese género es el *slapstick* o cine cómico, repleto de persecuciones, caídas y equívocos que basan toda su eficacia en la utilización de estos mecanismos narrativos centrados en la creación de un espacio continuo que transmita sin fisuras una perfecta ilusión de realidad. Esas películas de 10 o 20 minutos de pura acción física, las que realizaban e interpretaban cómicos como Buster Keaton, Charles Chaplin o Harold Lloyd, contribuyeron a perfeccionar en grado máximo el montaje transparente que ocultaba los cortes entre planos y los distintos tipos de *raccords* que los unían, siendo los principales el de mirada —alguien mira, vemos lo que mira—, el de movimiento —alguien inicia un movimiento en un plano y ese movimiento sigue en el siguiente perfectamente ensamblado— y el de dirección —alguien se desplaza hacia la izquierda y en el siguiente plano seguirá desplazándose hacia la izquierda hasta llegar a su destino—, que creaban la perfecta ilusión de la continuidad espacio-temporal. La mirada del espectador quedaba atrapada en los desplazamientos del cuerpo del actor y la acción constante de forma que ni siquiera percibía el corte ni, por supuesto, el ajustado proceso de construcción de la imagen que sustentaba la narración.

Este sistema, que identificamos con el cine clásico, perduró durante décadas, hasta los años sesenta del siglo pasado, de forma casi total, y fue dominante muchísimo tiempo. Un sistema férreo de imitación de la realidad que solo se permitía escapar de esa tiranía en el musical, que podía saltarse cualquier regla en los bailes y canciones y, algo menos, en el género de terror. Este lenguaje sigue siendo en gran parte dominante porque es el *abc* de la construcción del relato, y en la televisión está omnipresente en esos telefilms con los que dormimos la sobremesa de fin de semana o en las series familiares, con todos los personajes reunidos en torno a la mesa de la cocina o en el sofá del salón.

El clasicismo cinematográfico concebía la película como un mundo perfecto y cerrado donde todo encajaba, en el que cada objeto visto y cada línea de diálogo tenían un lugar en la trama. Un auténtico mecanismo de relojería. Cuando digo un mundo perfecto no me refiero a que la película haya de tener necesariamente un final feliz donde al amor y el bien triunfen, aunque sea así en la mayoría de los casos, sino a la necesidad de un final que clausure todas las tramas, que no deje nada sin resolver, que conteste todas las preguntas que hayan podido surgir. De ahí la satisfacción que produce el visionado del cine clásico: una tiene la sensación de que el mundo funciona porque todo encaja y todo tiene una razón de ser. En definitiva, lo contrario del caos que es la vida.

Cuando el cine se convirtió en un gran fenómeno de masas y Hollywood en el centro de la producción, lo cual sucedió a partir de los años veinte del siglo pasado, determinadas maneras de contar en imágenes y unos cuantos argumentos acabaron convertidos en norma, o, mejor dicho, en lo normal, como si hubiera una única forma de hacer cine y contar algo y no fuera fruto de una firme voluntad de hacerlo de ese modo y no de otro. Y así, cuando, por ejemplo, llegó el Neorrealismo de Italia tras la Segunda Guerra Mundial, con historias que antes no se habían contado, con obreros, parados, pescadores y gente pobre en general como protagonistas y con su denuncia de la desigualdad y la injusticia, aquello parecía profundamente ideológico, porque no era lo normal, lo que se veía en las pantallas habitualmente. Aquí sí se veía el discurso, la intención, puesto que no pretendía enmascararse, todo lo contrario. En realidad, esto sigue funcionando hoy en día para mucha gente, que considera que el cine espectáculo, hecho para divertirse, no transmite discurso y, mucho menos, ideología. Se olvida que toda obra cultural también es política y parece que las películas solo tienen ideología cuando cuentan determinadas historias, sus relatos incomodan y nos recuerdan realidades que no queremos ver o proceden claramente de miradas progresistas. Si denuncian la pobreza, la discriminación o la injusticia; si hay discurso de clase, raza o género explícito, entonces sí se aprecia que ese relato está construido desde un punto de vista, como si las películas protagonizadas por ricos, blancos y hombres no lo tuvieran. Para gran parte del público, *John Wick* (Chad Stahelski, 2014) es puro espectáculo y, sin embargo, *Barbie* (Greta Gerwich, 2023), aunque también muy entretenida, es discurso. Y no digamos ya si hablamos de obras fuera del ámbito más comercial, como *El sol del futuro (Il sole dell'avenir,* Nanni Moretti, 2023) o *Creatura* (Elena Martín, 2023). Como si la saga John Wick, con toda su condición de vistoso cine de acción fantasioso, no hablara de orden social, del uso de la violencia, de formas de masculinidad, de las reglas de una comunidad y de muchas otras cosas. Una es eso que llaman una película para no pensar, esa motivación que muchas veces se alega para elegir tal o cual título, y las otras no. Normalmente, ese deseo de ir al cine a no pensar implica ir a ver un producto comercial de Hollywood, bien en modo comedia más o menos disparatada, o bien y sobre todo, en forma de película de acción y efectos especiales llena de persecuciones, explosiones y señores, a veces en mallas (Marvel) y a veces no (*Fast and Furious*), corriendo de acá para allá. Y ahí también, siento romper la ilusión, hay una mirada y un discurso sobre el mundo.

El clasicismo murió cuando ya no hubo forma de creer en el triunfo del bien y de la armonía. Tras una Segunda Guerra Mundial, el Holocausto, dos bombas atómicas, la llegada de la Guerra Fría y la posibilidad muy real de que el mundo estallara en pedazos en cualquier momento, era imposible creer en aquel mundo perfecto del cine clásico. El discurso de la Ilustración, el del progreso, la razón y la ciencia había fracasado estrepitosamente. El mundo era un caos sin sentido, así pues, ¿por qué iban a tener sentido las películas? Y así fue como ese lenguaje basado en la transparencia, la continuidad espacio-temporal y la relación de causa y efecto se rompió en mil pedazos con la llegada de los llamados Nuevos Cines, con la *Nouvelle Vague* en cabeza. Tampoco es que estos nuevos cines llegaran solos o de golpe, o surgieran de la nada: desde siempre hubo otras formas de contar y construir imágenes diferentes a las impuestas por Hollywood. No tenemos más que pensar en los cines soviético y alemán de los años veinte y, en general, en todo el que nació vinculado al impulso de las vanguardias artísticas, o en Ingmar Bergman, Carl Th. Dreyer o el Neorrealismo italiano del que hablábamos antes.

Lo que sí es cierto es que, de pronto, allá por los años sesenta, surgieron otras formas de contar, unas en las que los relatos ya no parecían crearse a sí mismos, ni avanzar por sí solos, sino que evidenciaban la construcción, el engranaje. Las películas no acababan con cada cosa en su sitio, encajando todas las tramas y cerrando todo lo visto, sino que nos dejaban preguntas, dudas, desconcierto, finales abiertos, miradas a cámara, como en *À bout de souffle* (Jean-Luc Godard, 1959), *Los cuatrocientos golpes (Les 400 coups,* François Truffaut, 1959), *Persona* (Ingmar Bergman, 1966) o *Cléo de 5 à 7* (Agnès Varda, 1962). Se llenaban de gente caminando sin rumbo, de personajes incomprensibles, de comportamientos raros, de extrañamiento, de largos silencios, de conversaciones banales, de prolongados planos fijos o, en el extremo contrario, de una fragmentación extrema. Y los relatos cinematográficos dejaron de dar respuestas y más bien hacían preguntas que no podíamos, no sabíamos o no queríamos responder. Viendo cualquier título de Michelangelo Antonioni, de Jean-Luc Godard, de Chris Marker, de Věra Chytilová, de R. W. Fassbinder, de Chantal Akerman, de Carlos Saura queda claro que ya no estamos ante una ventana abierta el mundo, sino muy claramente ante una representación y un discurso. Se trata de evidenciar que hay un autor, una instancia creadora e identificable, que nos está contando algo desde su punto de vista concreto. Antes también era así puesto que, ya lo hemos dicho, las películas, como toda obra cultural, son discurso, las firme Luis Buñuel o Howard Hawks; es solo que, en el caso del Hollywood clásico, como en el de ahora, era imperativo que ese discurso no se notara. La ventana abierta al mundo, recuerden.

El dominio del cine de Hollywood sobre el resto de cinematografías no solo impuso un tipo de relato, una construcción narrativa y un modo de contar que para mucha gente es el único posible; también ha exportado las costumbres y los valores del país a todas partes. Ha sido el gran propagandista de un modo de vida que se vendió como el ideal al que aspirar, un arma colonizadora imparable. Igual que las costumbres o determinadas formas de vida se exportan, también las ficciones de aquí imitan las ficciones de allí como el desayuno familiar en la cocina o la vida en la urbanización. La vida imita aquello que hemos visto en las pantallas. La celebración de Halloween es un buen síntoma de esta dominación cultural, convertida ya en una fiesta global gracias, sin duda, al cine y las series. Pero esto va mucho más allá, por supuesto. La supremacía de Hollywood se corresponde con la supremacía de Estados Unidos en el mundo y van de la mano.

Pensemos en el western. Es quizá el género que de forma más evidente ha creado en el imaginario colectivo un relato histórico y donde mejor se verifica el dominio hollywoodiense, un género inspirado en la historia que constituye el relato fundacional de la nación estadounidense; un relato, como todos los que narran los orígenes, a caballo entre el mito y la realidad, entre la leyenda y la historia y que revela el proceso de urbanización y fijación y control del territorio. Y en el que se da la particular circunstancia de que la llegada del cine a finales del siglo XIX es contemporánea a esa «conquista del Oeste»; sus protagonistas están vivos y gran parte del público conoce de primera mano mucho de lo que las películas van a contar. Novelas, cuentos, narraciones orales, canciones, reportajes en periódicos, cuadros y fotografías dejaron testimonio, antes de la imagen en movimiento y con muy distintos grados de veracidad, del proceso de ocupación del territorio y de la construcción de la nación, pero el cine fijó definitivamente su mitología y también el relato histórico. Y, además, lo hizo a escala planetaria, llevando esa historia fundacional a las pantallas de toda la tierra. Fijó en el imaginario colectivo una historia del triunfo de la ley sobre el caos, de lo humano sobre la naturaleza, de dominación de lo salvaje para construir una civilización de orden, libertad y prosperidad, *el mejor país del mundo*.

No es de extrañar que, siendo lo que era, el western fuera el género que más sufrió con el final del cine clásico. Si no había forma de contar un mundo sin sentido, como hemos dicho, mucho menos podían continuar esos mitos. El triunfo de la ley era el triunfo del hombre blanco, la dominación de la naturaleza incluía el exterminio de las poblaciones nativas, la prosperidad y la libertad era la de los blancos creada sobre la esclavitud de la población negra. Imposible sostener un relato que se manifestaba claramente falso y parcial. No con la Guerra Fría, Vietnam, la contracultura, los movimientos pacifistas y hippies, la batalla de los derechos civiles de las minorías, la violencia supremacista blanca, las revoluciones latinoamericanas, el «haz el amor y no la guerra» y todo lo que destruía la imagen de USA como el país de la prosperidad, la felicidad y la libertad, mostrando a las claras la violencia y la desigualdad sobre las que se sustentaba. El western casi desaparece como género y toma dos vías. Una que podríamos llamar esteticista o estilizada, que convierte a las películas del género en ejercicios de estilo, como el *spaguetti western* de Sergio Leone o varios títulos de los ochenta, como *La puerta del cielo (Heaven's Gate,* Michael Cimino, 1980) o *Silverado* (Lawrence Kasdan, 1985). Y otra revisionista, que comienza a llenarse de violencia explícita y a revisar la historia que se había contado hasta ese momento, con obras como *Pequeño gran hombre (Little Big Man,* Arthur Penn, 1970), *Grupo salvaje (The Wild Bunch,* Sam Peckinpah, 1969) o, mucho más adelante, *Sin perdón (Unforgiven,* Clint Eastwood, 1992). Esta revisión reverdece en nuestro días, cuando se añaden, por fin, otras miradas: la afroamericana, la LGTBI, la de las mujeres, en películas como *12 años de esclavitud (12 Years a Slave,* Steve McQueen, 2013), *El poder del perro (The power of the dog,* Jane Campion, 2021), *Brokeback Mountain* (Ang Lee, 2005) o *First Cow* (Kelly Reichardt, 2019).

Que el cine de Hollywood ha sido un arma colonizadora lo tenemos clarísimo, aunque a veces solo sea de un modo intuitivo, y se hace patente cuando sus propios iconos se convierten en herramientas de resistencia y armas ideológicas, en un nuevo ejemplo de cómo la ficción interfiere en la realidad. La imagen de Mickey Mouse se utiliza en discursos anticapitalistas y antimperialistas, como el archiconocido grafiti de Banksy *No puedo vencer el sentimiento* (2004). En 1972, Ariel Dorfman y Armand Mattelart publicaron *Para leer al Pato Donald*, un estudio sociológico bastante mítico sobre los personajes de Disney que, en palabras de Dorfman, constituye un manual de descolonización cultural. Las imágenes de las princesas Disney son sometidas a procesos de reapropiación feminista, que dan la vuelta a su sentido original y revelan la falsedad y la tiranía del ideal femenino que representan, como en la famosa serie de fotografías *Fallen Princesses* de Dina Goldstein.

Mientras, millones y millones de mochilas, camisetas, estuches, pasadores de pelo, tazas, zapatillas están adornados con imágenes creadas por Disney. Mickeys, minnies, donalds, goofys, piratas del Caribe, mulans, etc. nos salen al paso en todas partes. Y es que los personajes más conocidos de la marca están llenos de significados. Son epítome del capitalismo, de aquello que se dio en llamar el *American Way of Life* e iconos perfectos para ser deconstruidos por el feminismo o el anticapitalismo.

Real y verosímil: dos cosas muy distintas

Cuando aplicamos el adjetivo *real* a una ficción, la mayoría de las veces lo estamos confundiendo con *verosímil*. Pero no son conceptos sinónimos y mantienen relaciones distintas con la realidad. Es verosímil que en un musical de pronto se ponga todo el mundo a cantar y bailar o los amantes se confiesen sus sentimientos mediante una canción y un baile. Es verosímil que en una película de acción, el protagonista, pongamos Tom Cruise, salte de un avión en marcha para caer sobre un helicóptero que le está atacando, que este explote y que nuestro héroe salga por su propio pie con alguna leve magulladura, pero ileso, tras dar varias vueltas de campana. Es verosímil que John Wick se cargue él solito a cien enemigos y ninguna bala le llegue. Todo es verosímil, pero, obviamente, no tiene nada que ver con la realidad. La verosimilitud surge del propio relato, la crea la propia película. Ahí juegan un papel las reglas del género (policial, de acción, comedia romántica, musical, etc.) y los arquetipos y clichés, entre otras muchas cosas. Según la RAE, verosímil significa «que tiene apariencia de verdadero» en su primera acepción, y en la segunda: «Creíble por no ofrecer carácter alguno de falsedad». Apariencia y credibilidad, pero nada de realidad. Puede que en la vida real lo tengamos claro, eso de que real y verosímil son cosas distintas, pero lo cierto es que en cuanto estamos en modo espectador borramos la frontera. Cuando el protagonista sigue en pie y acaba salvando el mundo tras recibir una paliza soberana que con el primer golpe le hubiera enviado a la UCI aplaudimos. Resulta verosímil en el universo de la ficción y en el contrato que establecemos con ese relato, en *John Wick* o en *Kill Bill* (Quentin Tarantino, 2003), por muy falso que sea. Pero nada de eso sería verosímil en, por ejemplo, una película de Ken Loach, de Eric Rohmer, de Abbas Kiarostami, de Claire Denis o de Clara Simón.

He citado casos fáciles, en los que no cuesta entender la distancia entre realidad y ficción, pero esto opera para todos los relatos. Cada novela, cada película, cada serie, crea su propio verosímil. Si está bien hecha, si todos los elementos van en la misma dirección, creeremos a pies juntillas el mundo que allí se nos despliega, ya incluya colorines estridentes, decorados surrealistas, cantar, bailar, luchar, volar, explotar, matar a Hitler en un cine o creer en el príncipe azul. En *Las apostillas a El nombre de la rosa*, Umberto Eco cuenta cómo creó su famosa novela y, con ello, realiza un auténtico y amenísimo tratado sobre cómo construir un relato. Allí dice: «Para poder inventar libremente hay que ponerse límites. En poesía, los límites pueden proceder del pie, del verso, de la rima, de lo que los contemporáneos han llamado respirar con el oído... En narrativa, los límites proceden del mundo subyacente. Y esto no tiene nada que ver con el realismo (aunque explique *también* el realismo). Puede construirse un mundo totalmente irreal, donde los asnos vuelen y las princesas resuciten con un beso: pero ese mundo puramente posible e irreal debe existir según unas estructuras previamente definidas (hay que saber si es un mundo en el que una princesa puede resucitar solo con el beso de un príncipe o también con el de una hechicera, o si el beso de una princesa solo vuelve a transformar en príncipes a los sapos o, por ejemplo, también a los armadillos)».

Eso que Eco llama límites incluye no solo las reglas que el propio relato establezca, también algunas que están en nuestra cabeza y en la de los creadores, porque han formado parte de la cultura desde mucho atrás. En general, vienen dadas por el género al que se adscriba la historia y por los arquetipos consolidados, y cineastas y guionistas las utilizan para jugar con nuestra expectativa. Quedémonos con la frase de Eco: esto no tiene nada que ver con el realismo —aunque explique *también* el realismo—.

Ah, el realismo. Ese sí que es un concepto conflictivo. Porque para utilizarlo deberíamos definir primero qué es la realidad o, como mínimo, qué realidad estamos considerando. Solo que la filosofía y la ciencia llevan siglos en ello y aún no se han puesto de acuerdo, así que no será este pequeño ensayo sobre imagen que está usted leyendo el que le saque de dudas. Para lo que aquí venimos contando nos sirve, por el momento, con convenir que el realismo es una cuestión de grado, es decir, una película o una serie se acerca más o menos a la realidad. Y así, tenemos bastante claro que cualquier título de la saga *Misión imposible* o la serie *Perdidos (Lost*, J. J. Abrams, Damon Lindelof, 2004-2010) son menos realistas que *Alcarràs* (Carla Simón, 2022) y *The wire* (David Simon, 2002-2008), respectivamente. Y que *Alcarràs* y *The wire* están algo menos cerca de la realidad que, pongamos por caso, un reportaje periodístico rodado en una zona de guerra. Lo que sí son, con todas sus diferencias, son complejos y sofisticados ejercicios de puesta en escena, elaboradísimas representaciones hechas para la pantalla.

Pero es que «realidad» es un concepto elástico y bastante inaprehensible. Está la realidad física, pero también está la realidad emocional y ese es el territorio del arte. La emoción ante *Misión imposible* o *Lost* es muy real. La nuestra, pero también la de los personajes, la que el relato crea, que es la que nos interesa. ¿Acaso no es realista la representación del miedo, o del amor, o de la alegría, o de la frustración que vemos en cualquiera de los títulos citados? ¿A qué realidad es fiel una ficción? ¿Al mundo físico o al emocional, a la realidad que puedo tocar y medir o a la complejidad psicológica de los seres humanos, a los sentimientos, a las pasiones? ¿No será que por eso existen el arte y la ficción, en formato literario, audiovisual o el que sea, y ocupan un lugar tan importante en nuestras vidas y en la historia? Nos reconocemos en las ficciones y sentimos cosas, podemos llorar, reír y hasta nos sudan las palmas de las manos ante una buena secuencia de acción, de esas que cuando llega al final acabamos agotados como el protagonista, como si hubiéramos saltado y corrido con él. Si hay un realismo en la ficción, mejor dicho, si hay una realidad en la ficción, esa es la emocional.

«Un veterano astronauta de la NASA desmonta por completo una de las escenas clave de 'Guardianes de la Galaxia Vol. 3' de Marvel». Este es un titular aparecido en la revista *Fotogramas* del 1 de octubre de 2023, recogiendo una noticia que también se vio en otros medios. En su análisis, el astronauta en cuestión aclara que es imposible sobrevivir noventa segundos en el espacio sin casco ni botas de protección como hace el protagonista, Star-Lord, y explica con todo lujo de detalles precisos —falta de oxígeno, circulación sanguínea, congelación, descomposición celular, etc.— lo que le habría pasado a su cuerpo durante el minuto y medio que flota a la deriva. Y así, la noticia habla de gazapo o error y culmina con la frase: ¿repetirá el director estos errores en su siguiente película? Recuerden que el titular decía: «Desmonta por completo» una escena. Todo eso en una película que tiene como personajes centrales a un mapache que habla y ejerce de mercenario cazarrecompensas, un árbol humanoide con poderes, una guerrera alienígena verde, un bandido de piel azul o una especie de mujer insecto con antenas que induce estados de ánimo en la gente, entre muchas otras maravillas y criaturas fantásticas. Sabemos que nadie puede sobrevivir en el espacio sin protección, sin duda, pero también sabemos que los mapaches no hablan. ¿Cuál es, pues, el error? Ninguno, obviamente.

Que un astronauta se preocupara por ello y que, además, sus declaraciones se convirtieran en noticia, tiene que ver con esos límites, esas normas de las que hablaba Umberto Eco. Star-Lord es humano, por lo tanto, tiene que regirse por ciertas leyes humanas, como no poder sobrevivir en el espacio, al contrario que otras criaturas que pueblan el mundo de *Guardianes de la galaxia*. Pero también obedece a las leyes del entretenimiento y por eso hay que estirar todo lo que se pueda la situación de peligro del héroe y mantener la angustia del público. También sabemos que Ethan Hunt debería estar clínicamente muerto desde la primera persecución o pelea de *Misión imposible*, y ahí lo tenemos, tan pimpante, realizando proezas increíbles y llevando al máximo los límites de lo veraz. Funciona porque es exactamente lo que el público quiere ver y porque forma parte de las reglas del juego de ese relato, las de la ficción. Y, por eso, denunciar en un film como *Guardianes de la galaxia* que es imposible sobrevivir noventa segundos en el espacio es absurdo, aunque sea cierto, porque no se trata de la verdad de la realidad, sino de la verdad de la ficción.

Y ya que hemos llegado a los mamporros y los límites físicos del cuerpo, detengámonos un momento en ello. Cuando llegó la crisis de Hollywood clásico a finales de los años cincuenta del siglo pasado, una de las formas de romper con el clasicismo fue mostrar de forma explícita todo aquello que no aparecía, quedaba en la elipsis o solo se sugería, como la muerte, el sexo o la violencia: esos asesinatos sin derramamiento de sangre en el cine policiaco o esos fundidos a negro tras el beso. A partir de los años sesenta se hacen cada vez más visibles hasta incluso dar lugar a géneros y subgéneros dedicados exclusivamente a la mostración de todo aquello que antes no se mostraba, como en el campo del cine de terror o el porno. Hoy en día, mis alumnos sonríen cuando ven al protagonista de *Scarface*, en la espléndida película de Howard Hawks de 1932, tumbar a un tipo de un puñetazo. Sonríen porque esa violencia física no les parece real, porque no se lo creen. Lo cual no deja de ser llamativo, teniendo en cuenta que no sonríen condescendientes cuando ven una pelea de cualquier película de acción actual, donde con solo una cuarta parte de los golpes, caídas y mamporros que reciben los protagonistas, a veces con un solo golpe, ya estarían muertos. Lo que se muestra es físicamente imposible, pero es verosímil según nuestros estándares y expectativas actuales. La violencia física de *Scarface* está mucho más cerca de la realidad y, sin embargo, no nos lo parece. Porque este es uno de los muchos campos donde el cine ha creado una realidad propia en nuestro imaginario difícil de desmontar.

El otro territorio indudable donde lo ha hecho es en la representación del amor y el deseo. Hemos aprendido a amar con el cine, esto es así. Cómo besar, cómo mirar, qué decir, cómo follar. El cine ha establecido el lenguaje corporal del deseo. Y claro, cuando nos hemos dado de bruces con la realidad hemos descubierto que las ficciones audiovisuales y la vida real son cosas bien distintas. No solo porque no suenen violines o *You can leave your hat on* o porque los cuerpos perfectos que vemos en la pantalla están bastante lejos de los nuestros, sino porque esa escena de sexo tan bonita y tan apasionada de pie contra la fotocopiadora es incómoda, se te clava la bandeja del papel en el trasero, las piernas no te sostienen, es complicado ajustar las diferentes alturas de cada uno y sí, mucho morbo con eso de que te puedan pillar, pero no hay manera de concentrarse si estás mirando con el rabillo del ojo la puerta por si entra el ordenanza. También Hollywood ha institucionalizado un modelo de polvo rápido y súper apasionado, visto y no visto, en el que la mujer, ¡oh, milagro!, aunque esté tan tranquila viendo la tele antes de la llegada del hombre, no necesita preliminares, ni preparación, ni lubricación, gime con solo que él le toque el hombro y, ¡oh, segundo milagro!, llegan juntos al orgasmo en cuestión de dos o tres minutos. Intenta esto en tu casa y ya verás la frustración y el desencanto. Es una visión claramente masculina, la única que ha existido en esto de la representación del sexo, que no tiene en cuenta cómo funcionan ni el deseo ni la sexualidad ni el cuerpo de las mujeres. Entendemos que hay que ir al grano y el ritmo de la película no ha de decaer, pero sería muy de agradecer un poquito más de veracidad, sobre todo por la parte femenina.

Podemos seguir con el tono jocoso, pero lo cierto es que este tipo de representación que el cine comercial de Hollywood ha construido pesa enormemente en nuestra realidad cotidiana, muy especialmente entre los más jóvenes. Y la cosa se vuelve dramática cuando pensamos en lo que ofrece el porno en cuanto a las formas de presentar el deseo masculino y femenino y el modo en que influye en las expectativas y el comportamiento de hombres y mujeres. El propósito de imitar en la realidad lo que es puramente una ficción puede tener consecuencias indeseables. Intuyo alguna ceja elevada ante la definición del porno como ficción, puesto que si algo lo define, y es la raíz de su éxito y permanencia, es que la penetración, la eyaculación, las felaciones o los cunnilingus son reales, que la cámara filma actos sexuales que suceden ante ella, con personas de carne y hueso. Sí, pero del mismo modo que es real cuando dos actores hablan o se miran o alguien corre, salta, grita o va en bicicleta. Eso existe, pero lo hace siguiendo un guion, unas pautas, unos tiempos, unos encuadres y una puesta en escena. E igual que un actor finge reír o llorar en cualquier película, aquí se fingen orgasmos, gemidos o rostros de placer, sobre todo por la parte femenina. Prácticamente todo el cine porno, por más que haya mujeres que estén intentando cambiar esto, está construido sobre las fantasías masculinas y en función del deseo del hombre y de su eyaculación como final último de la acción, relegando a la mujer a ser un instrumento para su placer, llegue ese placer en forma física o visual. Y la parte real que contiene, que puede ir desde la simple penetración a la violencia física, está sometida a esa mirada que excluye el goce femenino o que lo desplaza a un plano secundario. Podríamos entrar en el debate de cómo el porno influye en las prácticas sexuales de adolescentes y jóvenes y en su forma de ver el sexo, pero es un tema de mucho calado que excede las pretensiones de este ensayo. Apuntamos estas reflexiones porque es inevitable dejar constancia de ello cuando hablamos de cómo la ficción sustituye a la realidad.

Hollywood es, también, el paraíso del pegajoso y persistente mito del amor romántico. Aunque nace mucho antes y reina en la literatura del siglo XIX, será el cine quien le dé forma definitiva. Y su influencia será inmensa. El ideal romántico sigue pesando enormemente en las expectativas y el comportamiento de espectadores y espectadoras, porque se sigue repitiendo de forma machacona y no dejamos de ver en las pantallas noviazgos, pedidas de mano, despedidas de soltero y soltera y bodas. ¿Por qué nunca es suficiente en las películas y series con vivir juntos y es necesario casarse para demostrar compromiso y madurez? Y no solo casarse, que antes el hombre tiene que declararse, hacer una petición de mano y ofrecer un anillo que ella va a enseñar a las amigas toda orgullosa. Luego toca hacer una boda con sus padrinos y sus damas de honor. Suena muy anacrónico y sexista, porque lo es, pero es lo que profusamente, con mayor o menor gracia, muestran películas comerciales y series de consumo mayoritario, además de los telefilms de sobremesa, llenos de solteras treintañeras frustradas porque no tienen novio y no se van a casar nunca y de adolescentes treintañeros que intentan escapar de las redes femeninas y consideran el matrimonio como una condena. Todavía en las películas comerciales, y no solo de Hollywood, véase *Tres bodas de más* (Javier Caldera, 2013), ser soltero es signo de independencia y libertad, y si el soltero es invitado a una boda será una oportunidad única para ligar y conocer chicas, que se lo van a rifar, mientras que ser soltera es un fracaso vital y, en esa misma boda, será mirada con pena por no tener acompañante. En pleno siglo XXI. Pero el auténtico susto llega cuando de pronto, en las redes, descubres que alguien pone «Fulano está comprometido con Mengana» con foto de un anillo, palomas y corazones. Estas cosas pasan aquí y ahora porque las vemos en el cine y las series, igual que el uso de las gorras para atrás y la celebración de Halloween. Todo hay que decirlo: afortunadamente esta visión conservadora y sexista de la media naranja, el príncipe azul, el amor eterno y demás clichés se pone en entredicho hoy en día desde muchas instancias, y tampoco son pocas las películas —autorales, independientes, pero también comerciales— y sobre todo series que la atacan sin compasión.

El poder de la ficción

Un territorio donde ficción y realidad se mezclan de forma indisoluble es el de la representación de la historia, hasta el punto de que, muchas veces, el relato audiovisual sustituye al historiográfico y permanece en la memoria colectiva, quizá porque pesa más la parte de historia que la de representación. El mal llamado cine histórico es un género, o más bien un conjunto de géneros, puesto que puede ser comedia, drama, música, western, bélico o melodrama, casi tan antiguo como el séptimo arte. Su gran aceptación entre el público, especialmente en algunos momentos, ha hecho que la imagen del pasado que posee una parte importante de la población esté basada precisamente en la que han creado los cineastas.

En realidad, esto comenzó con la pintura y la literatura. Es muy habitual y lógico que, en enciclopedias y diccionarios, de los antiguos en papel o los actuales digitales, para ilustrar personajes o sucesos del pasado se utilicen representaciones pictóricas o escultóricas, al fin y al cabo, ese es el legado que nos ha llegado. Ya no es tan lógico que las épocas más antiguas, Grecia,

Roma y, especialmente, la Edad Media, un larguísimo periodo de mil años en los que suceden muchas cosas y muy distintas, se ilustren anacrónicamente con cuadros historicistas del siglo XIX. Una entrada sobre Juana La Loca en muchos libros de texto va acompañada del famoso lienzo de Francisco Pradilla *Doña Juana la Loca* (1877), aquel en el que la reina está junto al féretro de su marido Felipe el Hermoso, pintado 322 años después de su muerte. La omnipresente pintura de historia del siglo XIX, minuciosa, naturalista y con un fuerte componente narrativo y sentimental, fijó un estándar muy alejado de cualquier forma de representación medieval, caracterizada por ser simbólica, antinaturalista, altamente estilizada, plana y carente de perspectiva, que es una creación del siglo XV. La llegada del cine no hizo más que acentuar esta tendencia y convirtió a la pintura de historia del siglo XIX en un inmenso almacén de imágenes en el que muchísimas películas encuentran su inspiración visual. En realidad, no existe un cine histórico por más que tendamos a llamarlo así para abreviar; como mucho, existe un cine inspirado en la historia en el que se proyectan todos los apriorismos heredados sobre los distintos períodos de esa historia, pero este es un debate prolijo, que ha generado multitud de teorías y publicaciones y que escapa de los objetivos de este texto. Solo haremos mención a un hecho evidente y trascendental que, por esa cosa de la ilusión de realidad, tendemos a obviar ante un film de ambientación histórica: el relato está siempre en presente. En cualquier película.

Un film de ambientación histórica moviliza varias dimensiones temporales: el momento histórico que representa, el momento en que fue filmada y el momento en el que la vemos. Añade una capa temporal más a cualquier película, la del momento histórico y aún puede añadir otra dimensión cuando se trata de la adaptación de una obra de teatro de Shakespeare, como *Macbeth*, o una novela del siglo XIX. Y entre esos tres momentos hay una jerarquía, de modo que siempre habla más del momento en que fue rodada que del pasado que representa: la visión de lo medieval de *Paseo por el amor y la muerte (A Walk with Love and Death,* John Huston, 1969) es fruto de la mirada de los tiempos antibélicos, pacifistas y contraculturales en que fue creada, mientras que la de *El primer caballero (First Knight,* Jerry Zucker, 1995) lo es de la muy bélica y conservadora mirada de la era Bush padre y *El reino de los cielos (Kingdom of Heaven,* Ridley Scott, 2005), del auge del concepto de la multiculturalidad. Pero hable del sigloo II, del XV o del XIX, y esté filmada en 1910, 1963 o 2001, solo sucede aquí y ahora, frente a mi mirada y mi atención. De ahí los muchos debates sobre la fidelidad histórica que suscita este tipo de películas, sobre todo cuando remiten a hechos históricos reales, como ha sucedido con *Napoleón* (2023) de Ridley Scott, analizada por historiadores profesionales y aficionados en busca de la inexactitud. Han olvidado lo que aquí no dejamos de repetir, que una película siempre es ficción y su única obligación es ser fiel a las reglas del mundo que crea dentro de sí misma. Recuerden, no es cuestión de realidad, sino de verosimilitud.

El guionista Javier Olivares, autor, entre otras, de la estupenda serie *El ministerio del tiempo,* dijo en una ocasión: «Si quieres que algo no lo tenga [impacto], escribe una novela o haz un documental. Pero con la ficción no ocurre. No es lo mismo que en un documental te digan lo que pasó a que en ficción veas cómo pasó. Acaba siendo la interpretación más realista e impactante de cara al espectador de los hechos que pasaron. Por eso *The Crown* impresiona tanto y cualquier documental que hagan de Isabel II no. (...) Los documentales me parecen muy correctos, pero carecen de metáfora».[4]

Aunque supongo que muchos documentalistas no estarán de acuerdo con la última frase, no queda otra que darle la razón. El propio Olivares no ha logrado sacar adelante una serie de ficción sobre el rey emérito, pero, mientras tanto, el documental *Salvar el rey*, que puede verse en HBO Max, cuenta y muestra cosas realmente escandalosas y terribles sobre el —mal— funcionamiento de nuestra democracia y la connivencia de demasiada gente con la corrupción. Cosas que serían motivo de interpelación parlamentaria o, directamente, de proclamación de la Tercera República, con levantamiento de barricadas y quema de mobiliario

4 Entrevista en *Ver Tele*, 11 de octubre de 2022.

urbano incluido, y no pasa nada. Pero nada de nada. Sin embargo, ¿una serie de ficción? No, eso sí que no.

A pesar de que la terrible realidad de los desahucios nos golpea día sí, día también, y afecta a mucha gente no fue hasta que llegó a los cines *En los márgenes* (2022), el debut de Juan Diego Botto en la dirección, cuando se convirtió en tema de conversación habitual con presencia en prensa, radio y televisión. Tuvo mucho que ver que los nombres involucrados en el film, nada menos que Penélope Cruz, Luis Tosar y el propio Juan Diego Botto hicieron un gran esfuerzo por recorrerse todos los medios, desde el más grande y glamuroso al más pequeño y militante, para hablar no tanto de la película como de los desahucios. También es verdad que una vez apagado el eco del film, el tema desapareció de la actualidad informativa, por lo menos en los informativos que dependen de los grandes grupos de comunicación, que son casi todos. La realidad seguía siendo la misma, pero no había ficción que la sustentara. Bien por la película, pero lamentable como sociedad: solo cuando se ha convertido en ficción el derecho a la vivienda parece interesarnos algo que, como ciudadanía, debería movilizarnos cotidianamente. Tiene toda la razón Javier Olivares.

El estreno de *Philadelphia* (Jonathan Demme, 1993) pero, sobre todo, que su protagonista fuera Tom Hanks, uno de los actores más queridos y carismáticos de Hollywood, cambió la percepción social sobre el SIDA.

Mucha gente necesitó ver un artificio con música, giros de guion y cámara lenta, una ficción melodramática con rostros de actores conocidos y a Hanks interpretando a un gay enfermo para plantearse una realidad que tenía en los medios, en los documentales y, claro, en la vida real. No vamos aquí a criticar el inmenso poder del cine, del arte en general, para derribar tópicos y prejuicios, al ofrecernos el acceso a remedos de vidas que nunca viviremos, ese es un componente esencial de su grandeza, pero sí debería ser motivo de reflexión profunda que no nos baste con la realidad.

Otra de las formas en que realidad y ficción se confunden tiene que ver con la literalidad con la que se leen muchas ficciones. Algo que no hay que olvidar nunca es que una película, una serie, tiene muchas lecturas. Las obras audiovisuales son complejas, incluso las más banales tienen muchas capas y su interpretación depende de multitud de factores, incluido el bagaje del espectador y el lugar y el momento desde donde la ve. Poniéndonos estrictos, podríamos decir que tiene tantas lecturas como espectadores. Parece que tendemos cada vez más a la interpretación literal de lo que vemos en la pantalla y a borrar los múltiples sentidos que una imagen más su sonido o sin él pueden contener. Fuera el subtexto, fuera la complejidad. Un caso paradigmático: *Blonde* (2022), la polémica película de Andrew Dominik sobre la novela de Joyce Carol Oates que recrea, en forma de ficción, la vida de Marilyn Monroe.

Lo de que es una ficción habría que ponerlo en mayúsculas, a ver si así se entiende algo. *Blonde* levantó mucha polémica porque fue objeto de diversas interpretaciones. No, no me estoy contradiciendo, puesto que lo que sucede es que esas lecturas que se defienden a capa y espada pretenden todas ser la única posible. Si Marilyn habla con un feto, en una de las secuencias más cinematográficamente pobres de la película, y siente que ha matado a su hijo, ese momento convierte a *Blonde* en un discurso antiabortista, así, de un brochazo y sin fisuras, y Marilyn ya no es Marilyn, ella y su circunstancia, sino todas las mujeres. Aquí la metáfora quedó avasallada por la literalidad.

Podemos estar de acuerdo o no con la visión de Marilyn casi exclusivamente como víctima que ofrecen tanto la novela como el film, una mujer que demuestra ser inteligente y entender la situación, pero sometida por un sistema implacable profundamente machista que la convierte en objeto y la destruye. Es una visión concreta, una forma de abordar el personaje. ¿Hay otras formas? Por supuesto, y hasta puede que nos gusten más, pero ese es el punto de vista del film y desde ese punto de vista toma determinadas decisiones narrativas o de puesta en escena, como la famosa escena del feto, que, más allá de ser una de las peores del film, resulta coherente con la propuesta estética y con el personaje construido y su necesidad de ser madre y no conseguirlo.

El peligro de la interpretación literal o sin tener en cuenta el contexto es grave, porque lleva a rechazos o incluso a ciertas formas de censura, por ejemplo, cuando se confunde el punto de vista de un personaje con el de la historia. Si medimos constantemente a la ficción según su grado de aproximación a la realidad estamos a) propiciando la confusión entre ficción y realidad y b) traicionando y matando a la ficción. Porque su esencia es, justamente, aunque se utilicen elementos de ella, no ser realidad. Nos permite contar la complejidad del mundo y del ser humano y eso requiere subtexto, imaginación y libertad creativa. La dichosa metáfora.

El peligro de la historia única

Le robo la frase para el encabezamiento de esta parte a la escritora nigeriana Chimamanda Ngozi Adichie, que tituló así una de sus conferencias más conocidas y poderosas.[5] En ella cuenta que, en las historias que escribía a los siete años, sus personajes eran blancos y de ojos azules, jugaban en la nieve y tomaban té. Lo hacía así porque era lo que leía, cuentos y libros donde solo había personas blancas que vivían en un sitio muy distinto de Nigeria: «Yo amaba los libros ingleses y estadounidenses que leí, avivaron mi imaginación y me abrieron nuevos mundos; pero la consecuencia involuntaria fue que no sabía que personas como yo podían existir en la literatura. Mi descubrimiento de los escritores africanos me salvó de conocer una sola historia sobre qué son los libros».

La escritora habla de identidad racial y de literatura, pero su planteamiento es perfectamente extrapolable a otros ámbitos de la identidad y al cine, probablemente más, dada que su esencia es la imagen. El cine se construyó desde su nacimiento sobre el punto de vista del hombre blanco heterosexual. Un punto de vista

5 Pueden encontrar la charla completa en: www.ted.com

en el que las mujeres, las personas no heterosexuales o los seres humanos de otro color que no sea el blanco conforman «lo otro», una otredad difusa que no tiene individualidad ni voz o, mejor dicho, voces, dada su diversidad, cuya presencia en las pantallas no nace de su propia mirada, y que, cuando esa existe, es una excepción, una rareza aceptada a regañadientes o directamente rechazada. Nada nuevo bajo el sol: antes que el cine, el arte y la literatura ya estaban, durante siglos, en esa misma situación. Podemos matizar algo, dado que gracias al trabajo de rescate y visibilización que se está haciendo desde el feminismo y los estudios decoloniales cada vez conocemos más mujeres pintoras o escritoras a lo largo de la historia o más hechos ocultos del pasado que afectan a las poblaciones no blancas. Pero el hecho central es el que es y a quienes hablan hoy del sesgo woke o progre o feminista en la cultura, conviene recordárselo con toda contundencia. La cultura occidental ha tenido un gran sesgo, uno gigantesco y determinante que se define por ser masculino, blanco y heterosexual.

Pero unas páginas atrás hemos comentado que cualquier obra cultural tiene muchas lecturas, a veces hasta contradictorias, y esto es algo que hay que defender con uñas y dientes frente al penoso pensamiento binario en el que nos movemos actualmente, el del sí/no, me gusta/no me gusta, aceptar/denegar. Adichie lo expresa bien en su charla. Siendo una niña negra que vivía en Nigeria, podía identificarse con un personaje blanco que vivía en la nieve y esa ficción le era útil y bella, recuerden que dice que los libros extranjeros que leía de niña le avivaron le imaginación y le abrieron nuevos mundos. Es muy importante entender cómo funcionan los procesos de identificación que se producen en la ficción. Cuando leemos o vemos un relato hay una identificación que podríamos llamar primaria con la situación o con un personaje, una que no tiene que ver con el género o la identidad, sino con los mecanismos que el relato despliega para crear su mundo y su punto de vista. Es lo que permite que una niña pueda identificarse sin problemas con Oliver Twist y que un niño lo haga con Caperucita Roja. O, saliendo del mundo de la niñez, que un hombre se identifique con Melanie (Tippi Hedren) en *Los pájaros (The Birds,* Alfred Hitchcock, 1963) o que mi identificación principal y primera sea con Will Kane (Gary Cooper) en *Solo ante el peligro (High Noon,* Fred Zinnemann, 1952) y no con alguna de las dos mujeres que le rodean. Porque así está construido el relato.

Pero, ¿qué sucede en un segundo momento? Que, como mujer, y hablo de mi yo de 16 o 17 años, me siento hastiada y cabreada de ver siempre en los westerns personajes femeninos pasivos que solo esperan que llegue un hombre para casarse con él y hacerle la cena. Es algo que toda cinéfila ha experimentado a muy temprana edad, esa frustración ante la pobreza esquemática de la mayoría de las mujeres de ficción en western, el cine de acción o de aventuras, reducidas al papel de reposo del guerrero, ángel del hogar o víctima con la exclusiva función de ser secuestrada, violada o asesinada para mover al protagonista a la venganza, un puro mecanismo narrativo sin alma.

En su magnífica charla, Adichie pone varios ejemplos de ese peligro del relato único. Y así, cuenta cómo, al llegar a Estados Unidos, le comentaban cosas sobre África que no tenían nada que ver con su realidad. O cómo un profesor le dijo que su novela no era «auténticamente africana»: «Yo reconocía que había varios defectos en la novela, que había fallado en algunas partes, pero no imaginaba que había fracasado en lograr algo llamado autenticidad africana. De hecho, yo no sabía qué era la autenticidad africana. El profesor dijo que mis personajes se parecían demasiado a él, un hombre educado, de clase media. Mis personajes conducían vehículos, no morían de hambre; entonces, no eran auténticamente africanos». El relato único sobre África, el cliché, cegó al profesor. Pero también la propia Adichie ejerce esa mirada única sobre otras realidades. Ella cuenta cómo, cuando era niña, tenía una imagen de cómo era la gente pobre, aplicada a la situación de un criado suyo; cuando conoció a su familia se sorprendió al ver que tenían objetos bonitos en la casa y que los fabricaban: «Su pobreza era mi única historia sobre ellos». O cuando ya de adulta fue a México y se dio cuenta de que tenía una imagen previa, un estereotipo, que no correspondía en nada a la realidad del país centroamericano. Lo que creía que era realidad, era solo una ficción.

El prejuicio, que es de lo que estamos hablando, está construido por muchas cosas pero, sin duda, en nuestro mundo actual tiene mucho que ver con lo que han creado las ficciones audiovisuales. Ese «pre», lo previo al juicio, está lleno de imágenes y relatos. Es la mirada de su profesor sobre Adichie, la de ella sobre los pobres de su país, la de Hollywood cuando ambienta alguna acción en España y salen toros o la que durante demasiado tiempo se ha aplicado a personas LGTBI o inmigrantes. Por eso es tan importante leer libros o ver películas que nacen de otros lugares y puntos de vista. Por eso la representación es esencial. Porque destrozan los prejuicios y esa tiranía del relato único, que es un relato que se ha impuesto y que sustituye a la realidad. Cuando alguien lo rompe y plantea una mirada desde un sitio diferente las resistencias son muchas y ahora vivimos uno de esos momentos, con ataques constantes y virulentos contra obras culturales que escapan del relato único, blanco, heterosexual y masculino. Uno de los casos más significativos es el de la sirenita negra. La casa Disney estrenó en 2023 una nueva versión de *La sirenita* en imagen real, protagonizada por la actriz y cantante afroamericana Halle Bailey. Desde su anuncio mucho antes del estreno recibió, por una parte, numerosos ataques racistas, insultos, llamadas al boicot y asombrosas quejas de quien decía que se estaba adulterando el cuento y ¡la realidad! Por otro, muchos apoyos ante la perspectiva que abría y la acogida feliz y emocionada de un montón de niñas y adolescentes negras que, por fin, veían a alguien parecida a ellas en el centro de una película de Disney.

Las sirenas son seres mitológicos e imaginarios que existen en todas las culturas: una mujer mitad humana, mitad animal marino. Que la identifiquemos como blanca solo tiene que ver con el lugar desde donde se ha escrito esa historia, Europa primero y Hollywood después, pero es una convención. El cuento de *La sirenita* de Hans Christian Andersen es una versión del mito, una reformulación de varias leyendas previas, y la película posterior de Disney, más de un siglo después, es solo una versión de ese cuento que, de hecho, cambia varias cosas. Que se piense que se está tergiversando el sentido de la historia, traicionando no sé qué esencia y faltando a la verdad al elegir a una actriz negra para representar a la sirenita es tan absurdo como lo del astronauta. ¿Qué verdad? ¿Alguien ha visto una sirena? Es quizá uno de los mejores ejemplos contemporáneos de a dónde nos puede llevar la confusión entre realidad y ficción, del modo en que la representación acaba convertida en verdad ante la que muchos olvidan que se trata de una construcción, un artificio. Hay más. Dos series de 2022, que coincidieron en el tiempo sublevaron a todos esos guardianes de las esencias racistas y supremacistas: *El Señor de los Anillos: los Anillos de Poder (The Lord of the Rings: The Rings of Power)* y *La casa del dragón (House of the Dragon)*. ¡Elfos negros! ¡Targaryens negros! ¿Cómo es posible? Que haya dragones, anillos con poderes, orcos y encantamientos por supuesto que sí, pero que no se cumplan las leyes de Mendel en un mundo imaginario lleno de magia, por lo visto, no se puede consentir.

Naturalmente, todas estas polémicas en torno a la presencia de actores y actrices negras, o no blancas en general, en según qué personajes e historias tienen mucho más calado que las aclaraciones del astronauta de antes. Lo que hay aquí es una ruptura del que ha sido el relato dominante durante siglos, que levanta ampollas entre quienes nunca se han planteado de dónde viene su lugar en el mundo o su privilegio. Que todos los protagonistas de las películas fueran blancos no obedecía a ningún criterio inmutable o inmanente, sino al hecho que quienes construían las historias eran hombres blancos en un mundo donde las minorías no podían acceder a la creación. Que ahora no solo los hombres blancos heterosexuales hagan películas, por ceñirnos al campo audiovisual en el que nos movemos, aunque vale para muchos más, supone la llegada de nuevas historias o de nuevas miradas sobre las historias de siempre, nuevos puntos de vista que antes no se visibilizaban. La revisión de la historia que se está llevando a cabo en las últimas décadas, centrándose en la población afroamericana o en los pueblos indígenas en el caso de Estados Unidos, en la vida de las mujeres o en la de las realidades LGTBIQ+ supone reconstruir el pasado y hacer aflorar la memoria colectiva enmudecida. Para lo que aquí nos ocupa significa desmontar lo que la ficción había levantado como verdad y reconfigurarlo con nuevos relatos.

¿Qué hacemos con el documental?

La palabra documental aplicada al cine, a la imagen en movimiento, se presta a mucha confusión. Si, como hemos dicho, todo es discurso, ¿qué pasa con el documental? Al fin y al cabo, se supone que ese tipo de cine está documentando la realidad, esto es, dando testimonio. Tiende a entenderse como opuesto a la ficción, pero nada de eso. Es interesante pensar por qué la división no es como en la literatura, entre ficción y ensayo, que tendría mucho más sentido. Un ensayo presupone un autor, un punto de vista, un discurso: alguien concreto, con su saber, su bagaje y sus capacidades, sean mejores o peores, está reflexionando sobre alguna cuestión concreta, como hago yo ahora aquí. Sin embargo, en cine ha prosperado la distinción entre ficción y documental, precisamente porque se entiende que la cámara no miente, que, si filmamos algo, ese algo es necesariamente no solo real, también verdadero, ese estar presente del que hablábamos antes. Y no es que la cámara siempre mienta, como ya hemos visto no se trata propiamente de una mentira, se trata de que la imagen resultante es siempre fruto de una elección y, por eso, al mismo tiempo que muestra, también oculta. La simple selección de un encuadre ya es una manipulación: se decide una distancia desde la que filmar y un emplazamiento concreto y ambas cosas determinan qué entra en el plano y qué se deja fuera. Eso en el nivel más elemental, sin tener en cuenta cuestiones técnicas sobre el tipo de cámara, la lente seleccionada, la iluminación, etc. Y, por supuesto, el montaje, o la edición, como también se llama, y que es lo que va a determinar el sentido de lo filmado.

Hoy en día casi todo el mundo ha tenido la experiencia de grabar algo a través del móvil. ¿Quién no ha hecho un vídeo, más o menos sofisticado, y ha elegido un encuadre o un movimiento de cámara para hacerlo? Incluso puede haberlo editado, con las muchas herramientas con las que cuenta nuestro teléfono, como los innumerables vídeos de todo tipo que podemos ver en las diversas redes sociales. Y, sin embargo, a pesar de esa experiencia directa, de saber empíricamente que cualquier imagen en movimiento es el resultado de varias elecciones, ante un documental parece que seguimos un poco desarmados. Tan es así, que mucha gente distingue entre película y documental, como si los documentales estuvieran en otra esfera, como si no fueran películas, esto es, relato y discurso. Aunque esa confusión, todo hay que decirlo, no es solo del público. De hecho, es un debate sin cerrar en el campo de la teoría y la historiografía cinematográfica, hasta el punto de que, para entendernos todos y no discutir demasiado, se ha optado por el término «cine de no ficción». Sí, muy feo y perezoso eso de definir algo por lo que no es, pero es que no hay modo de establecer los límites entre realidad y ficción y mucho menos hoy en día, cuando todo el mundo filma cualquier detalle de su vida, actúa frente a la cámara de su *Smartphone* y la autoficción se impone. O teniendo en cuenta que existen los falsos documentales, esas obras de ficción que no avisan de que lo son, hasta el punto de que, si no conocemos la historia que tratan, nos harán caer en la trampa de pensar que lo que nos están contando sucedió realmente, como *La verdadera historia del cine (Forgotten silver*, Peter Jackson, Costa Botes, 1995), sobre el descubrimiento en Nueva Zelanda de una colección de películas de los orígenes que cambia la historia del cine, o la fascinante *My Mexican Bretzel* (Nuria Giménez Lorang, 2019), en la que la directora inventa una historia de ficción a partir de las filmaciones domésticas reales de sus abuelos. En realidad, son ficciones, sin duda posible, solo que se revisten del formato del documental al uso. Y luego tenemos ese casi oxímoron, el documental de animación, como *Vals con Bashir (Vals Im Bashir,* Ari Foldman, 2008); aquí la pregunta es obligada: ¿dónde está esa concepción de la imagen como documento, testimonio de algo que existió en carne y hueso, si son dibujos? Nuevamente, es ficción, pero no lo llamamos así. Por lo tanto, visto lo visto, aceptamos cine de no ficción como animal de compañía y ya iremos adaptándonos a los desafíos que los y las creadoras nos planteen.

Los famosos documentales de animales de La 2, esos que todo el mundo dice ver, dejan testimonio del comportamiento de la naturaleza, pero están construidos sobre el modelo del cine de acción. El león acecha a la gacela y espera para atacarla, y toda esa secuencia está realizada según las técnicas del suspense: el atacante, la víctima, la persecución, el *raccord* de dirección para que nunca nos perdamos en la acción, la escala de planos, con sus primeros planos, sus planos generales y la cámara acercándose y alejándose mediante el zoom a ambos animales. Puede que el plano del león esté filmado un día y el contraplano de la gacela otro distinto y que la secuencia sea el resultado de filmaciones realizadas en diferentes momentos o que la distancia sea muchísimo mayor que la que el montaje crea. Y, además, tiene música, una que contribuye al suspense y la tensión y que subraya y crea sentido. ¿Hemos visto un documental? Podemos llamarlo así como una convención, pero la secuencia es propia de una película de acción.

Las Hurdes/Tierra sin pan es un documental realizado por Luis Buñuel en 1932 en el que muestra en toda su crudeza las penosas condiciones de vida de una de las regiones más pobres de España. Toda la película es un desafío a nuestra mirada y a nuestra credulidad y, a pesar de los años transcurridos, es una obra crucial para reflexionar en torno el estatuto del documental y su relación con la realidad y la verdad. Las imágenes son ciertas, puesto que ahí están, pero el montaje y la voz en off construyen un relato que, posiblemente, se parecía mucho a la realidad, pero que, sorpresa, también se parece a las obras surrealistas de vanguardia que Buñuel hacía por aquella época, como *Un perro andaluz* (1929): los mismos motivos visuales, la misma atención frente a lo grotesco, cierta voluntad de escandalizar y de *épater le bourgeois*, tan de la época y el artista. En un momento dado, la voz en off cuenta cómo los habitantes de la zona se alimentan de las cabras que se caen desde los riscos y mueren. Ello se ilustra con imágenes de una cabra cayendo. Como nuestra atención está en modo documental, es muy posible que no nos preguntemos sobre la casualidad de que estando allí el equipo de rodaje justo cayera una cabra ese día. Pero si nos fijamos bien, veremos cómo la caída está filmada en dos planos distintos, desde dos emplazamientos de cámara diferentes, uno desde abajo y otro desde arriba: ¿se cayeron dos cabras y luego lo montaron para que pareciera solo una? ¿Cómo es esto posible? ¿Qué pasó en realidad? Que visto que ninguna cabra se despeñaba, el propio Buñuel disparó a una para que cayera desde lo alto, y volvieron a despeñarla para filmarla de nuevo desde arriba. De hecho, si se detiene la imagen en el momento justo, se aprecia el humo del arma en la parte derecha del encuadre. No es el único truco que la película incluye, pero nos basta para entender la cuestión. A ver, es cierto que las cabras se caían y que los hurtanos se las comían cuando eso sucedía y así disponían de proteína animal. El hecho era cierto, las imágenes eran una representación.

Pasado el estupor ante la barbaridad de matar a un animal para un rodaje, se impone la reflexión ante la supuesta verdad y la realidad de las imágenes. Cuando se recuerda en televisión el atentado a Carrero Blanco, es muy posible que las imágenes con las que se ilustre, sin señalárselo al espectador de ninguna manera, sean las de la película de ficción, no documental, de Gillo Pontecorvo, *Operación Ogro* (1979), que hace una reconstrucción del hecho. Es decir: se trata de una recreación hecha para una película de ficción. De ese modo, para gran parte de los espectadores, la escena pasa por ser el atentado real. Aquí la ficción ha sustituido del todo a la realidad, a pesar de que hay montaje y varios emplazamientos de cámara, imposibles si se tratara de la filmación del atentado: evidentemente, no había ninguna cámara filmando en la calle cuando sucedió. Y nos damos cuenta de que esa pregunta, «¿cómo lo filmaron?», deberíamos hacérnosla frente a muchas imágenes documentales y reportajes informativos.

Hay otra capa de realidad que aún no hemos citado y es el momento de hacerlo. Una muy profunda, casi ontológica, que muestra la muy compleja relación que la ficción mantiene con la realidad y viceversa. Una película o una serie, incluso cuando presenta mundos de fantasía, es siempre y en su raíz un documental sobre los rostros y los cuerpos. Esto vale para cualquier obra audiovisual de acción real, esto es, que no sea de animación, e incluyo en el concepto de animación el uso de la inteligencia artificial para la construcción de imágenes. Es la parte real irreductible a la ficción, lo que está siempre ante la cámara y también fuera de ella, rostros y cuerpos sobre los que se sostienen los relatos: el rostro y el cuerpo de Anna Karina en *Vivir su vida (Vivre sa vie,* Jean-Luc Godard, 1962), de Gene Kelly en *Cantando bajo la lluvia (Singing in the rain,* Gene Kelly y Stanley Donen, 1952), de Sandra Bullock en *Gravity* (Alfonso Cuarón, 2013), de Bryan Craston en *Breaking Bad* (Vince Gilligan, 2008-2013), de Christine Baransky en *The good fight* (Michelle y Robert King, 2017-2022) o de Ana Rujas en *Cardo* (Ana Rujas y Claudia Costafreda, 2021-2022). Ya lo dijo Th. Dreyer: el rostro humano es el auténtico paisaje del cine. La cámara capta todo cambio de expresión y todo gesto, voluntario o involuntario. Y en el caso concreto del primer plano, hablamos de un invento puramente cinematográfico. Aunque en pintura y fotografía existen los retratos desde siempre, por supuesto, ese primer plano que deja solo el rostro en la pantalla, sin más referencia, atrapado en el encuadre, no existe antes del cine. En el fondo, supone una transgresión rotunda de los límites del espacio clásico y homogéneo, de la visión convencional. No me resisto a reproducir aquí la muy bella reflexión que el guionista, director y crítico Pascal Bonitzer hace en su libro *Décadrages*: «El primer plano (...) desempeña a la vez un papel terrorista y revolucionario». Es revolucionario porque implica un nuevo punto de vista, un cambio brutal de escala que elimina jerarquías, y es terrorista porque invade la pantalla de forma absoluta, anulando la distancia entre la película y nosotros, sin dejarnos elección alguna. Digamos que, para lo que aquí nos interesa, impone una única realidad posible de la que no podemos escapar.

El poder de lo aspiracional

A Alonso Quijano le volvieron locos los libros de caballería y solo quería dedicar su vida a desfacer entuertos, luchar contra malvados y convertirse en uno de esos caballeros que protagonizaban los relatos que le encadilaban. Lo aspiracional, ese concepto tan siglo XXI, en pleno siglo XVII, así de moderna es la novela de Cervantes. Claro que hoy, aunque sigamos soñando, de vez en cuando, con ser justicieros o superheroínas, las aspiraciones que marcan nuestra época son menos románticas y no tienen la grandeza de espíritu que las de Don Quijote. Son más de clase media o media baja e hijas inequívocas del ultracapitalismo neoliberal que nos arrasa: éxito económico y laboral, una vivienda unifamiliar con garaje y parcelita de jardín en una urbanización de la periferia, un coche híbrido de alta gama y un smartphone de última generación. O ganar mucho dinero rápidamente, conseguir millones de *likes* en los quince minutos de fama y tributar en algún paraíso fiscal. Fracasar, fracasamos como Don Quijote, solo que menos quijotescamente. Aunque la palabra no existiera, las novelas primero y el cine después siempre han ofrecido un componente aspiracional. Nos fascinan con modelos de comportamiento y formas de vivir la vida y estar en el mundo que nos encantaría experimentar. Este rasgo se acentuó con la llegada de la televisión, cuando los relatos audiovisuales entraron en el ámbito doméstico y comenzaron a reinar desde el salón de casa. Y la publicidad, que existía desde el siglo XIX, encontró el vehículo perfecto para atraparnos en sus redes: difícil escapar de su influjo cuando ha entrado en tu hogar y te ocupa muchas horas al día.

Cuando en la maravillosa comedia *Sucedió una noche (It Happened One Night,* Frank Capra, 1934), su protagonista masculino y epítome de la virilidad, Clark Gable, se quitó la camisa y mostró que no llevaba camiseta debajo, la venta de estas descendió notablemente hasta el punto de que los fabricantes protestaron. Por el contrario, cuando en *Un tranvía llamado deseo (A Streetcar Named Desire,* Elia Kazan, 1951), un muy atractivo Marlon Brando la lucía con insolencia durante gran parte de la película las ventas aumentaron. La actriz Veronica Lake, muy popular en los años cuarenta del pasado siglo, llevaba una magnífica melena que caía suelta por uno de los lados de la cara, tapándole un ojo, un peinado llamado *peek-a-boo*. Su estilo fue imitado por infinidad de mujeres y obligó a una petición del Departamento de guerra del gobierno de Estados Unidos a la Paramount —son los años de la Segunda Guerra Mundial—, para que la actriz se lo cambiara, porque provocaba accidentes laborales y errores en la cadena de montaje de las fábricas, tanto al enredarse la melena como al dificultar la visión de un ojo. La actriz lo hizo y cambió de peinado. Parece leyenda, pero no lo es.

La presencia de dos camas individuales en la habitación de matrimonio, que tan habitual fue en las casas de los años cincuenta y sesenta del siglo pasado, se debe a una influencia del cine, una particularmente sinuosa, puesto que deriva de una prohibición. El Motion Picture Production Code o Código Hays, como era conocido, es el código de censura que la industria de Hollywood se dio a sí misma y que estuvo vigente desde 1934 hasta 1967. Y en él, entre otras normas, como la prohibición de mostrar el embarazo, el suicidio, las drogas, desnudos, violencia explícita, sexo y muchísimas otras cosas, se establecía que los matrimonios debían dormir en camas separadas y que, en el caso de que hubiera una cama de matrimonio, no podrían estar los dos en ella, siempre un miembro de la pareja debía estar de pie al lado y, como mucho, podía apoyar una pierna en el lecho. Ridículo, pero cierto. La alcoba con dos camas se convirtió en moda y las revistas y tiendas comenzaron a ofrecer y el público a demandar aquello que veían en las pantallas. Y así fue cómo el cine acabó introduciendo en las casas reales la moda de las camas separadas, algo nacido de una falsedad, de la negación de lo que sucedía en la realidad entre las parejas en el ámbito doméstico.

Los casos de las camisetas de Clark Gable y Marlon Brando, la melena de Veronica Lake y las camas separadas son tres conocidos ejemplos de la influencia del cine en la vida cotidiana, quizá anecdóticos, pero representativos y los traigo a colación para que seamos conscientes del enorme poder que las ficciones cinematográficas han ejercido y ejercen sobre nosotros, tanto individual como colectivamente, y a veces sin darnos cuenta. Y para que dimensionemos lo que supuso trasladar todo ese enorme poder de convicción al salón de casa cuando llegó la televisión, ese artefacto que acabó emitiendo las veinticuatro horas del día sin parar.

Una de las principales cosas que en ella se veía, entre series policiales y westerns que garantizaban el triunfo del orden y la ley, era la exaltación constante de la familia patriarcal y tradicional de clase media. Esas series ambientadas en viviendas unifamiliares, dotadas con todos los electrodomésticos que la sociedad de consumo podía ofrecer, en las que la esposa despedía amorosamente cada mañana a su marido con un beso cuando este marchaba alegre al trabajo, tras haber desayunado todos juntos con los niños en una gran cocina. Y en la que la esposa y madre modelo se desvivía para que su marido lograra el éxito laboral. Desde la pionera *I love Lucy* (Lucille Ball y Desi Arnaz, 1951-1957), con la esposa entregada a la familia y al éxito profesional del marido, el modelo familiar se repitió con pocas variaciones hasta la saciedad, en títulos como *El show de*

Dick van Dyke (The Dick van Dyke Show, Carl Reiner, 1961-1966) o *La tribu de los Brady (The Brady Bunch,* Sherwood Schwartz, 1969-1974), y no se alteraba por nada. Domesticaba a la magia en *Embrujada (Bewitched,* Sol Sacks, 1964-1972), neutralizaba a seres monstruosos como en *La familia Monster (The Munsters,* Allan Burns, Chris Hayward, 1964-1966) y *La familia Adams (The Addams Family,* David Levy, Charles Addams, 1964-1966) y, además era atemporal y perpetuo, como podía comprobarse en dos series de dibujos animados de gran éxito, creadas por William Hannah y Joseph Barbera: *Los Picapiedra (The Flinstones,* 1960-1966) y *Los Supersónicos (The Jetsons,* 1962-1964, 1985-1987). Nada podía acabar con la institución familiar y la sociedad de consumo, ya fuera la prehistoria, el futurista año 2062, los monstruos terroríficos o los poderes sobrenaturales. En la pequeña pantalla, todo el mundo, en todo tiempo y lugar, vivía feliz en ese ideal. Aunque también podían vivir de manera infeliz o, por lo menos, incómoda: *Married with children* (Michael G. Moye y Ron Leavitt, 1987-1997), *The Simpsons* (Matt Groening, en emisión desde 1989) o *Padre de familia (Family Guy,* Seth MacFarlene, en emisión desde 1999) son parodias ácidas del modelo, pero, a la vez, no dejan de repetirlo y perpetuarlo.

Ese modelo creó un costumbrismo familiar que, por supuesto, no se quedó en Estados Unidos. Seguro que recuerdan esos desayunos y comidas familiares de *Mé-*

dico de familia (Emilio Aragón y Daniel Écija, 1995-1999) o de *Los Serrano* (Daniel Écija y Álex Pina, 2003-2008) en torno a una mesa enorme en la cocina de su vivienda unifamiliar, llena de cajas de cereales y briks de leche, que eran un remedo de lo que se veía en las series estadounidenses porque no se parecían en nada a las costumbres autóctonas. Pero no pasaba nada, el público español estaba perfectamente acostumbrado a ver esos decorados y esos comportamientos en las series que venían de Estados Unidos y no le tenía que extrañar, por más que luego los protagonistas fueran a un castizo bar con sus patatas bravas y sus jamones colgando del techo. La imitación no solo pasaba en la ficción, en la realidad las calles se fueron llenando de adolescentes con gorras para atrás, celebraciones de Halloween o niños en monopatín con sudaderas de universidades americanas que parecían directamente salidos de una sitcom estadounidense.

La miniserie *Bruja Escarlata y Visión (WandaVision,* Jac Schaeffer, 2021) nos ofrece una muy estimulante y original reflexión en torno a este poder aspiracional. En la serie, que recoge dos personajes del Universo Marvel presentados en películas previas, se cuenta la historia de Wanda Maximoff, la poderosa Bruja Escarlata, y su deseo de vivir con normalidad, sin poderes ni magia, ser una más y tener una vida como la de cualquiera junto al hombre al que ama. La diferencia es que ese hombre, Visión, en realidad, ha muerto y ella, movida por el dolor de la pérdida, ha construido gracias a sus poderes un mundo imaginario, una ilusión, en la que ambos viven como una familia normal en su casita en la urbanización, que copia el universo feliz de una sitcom, con sus vecinas dicharacheras, sus barbacoas y sus niños traviesos pero encantadores. Además, lo hace dedicando cada capítulo a una de esas series, las que antes hemos citado, recreando su estética y su ritmo: *I love Lucy, Embrujada, La tribu de los Brady*, entre otras. Porque, y ahí tiene toda la razón Wanda y se entienden sus acciones, ¿qué mejor representación del paraíso familiar que las series de televisión? No hay mejor sitio para cumplir ese deseo que la pequeña pantalla, porque nunca la realidad podrá alcanzar ese grado de perfección y armonía. Al fin y al cabo, esa era la aspiración: vivir en el idílico mundo de una serie familiar de USA, culmen del bienestar y la felicidad, tal como lo han mostrado el bombardeo publicitario y las ficciones televisivas.

Puede que la familia y el tipo de vida que nos inspiren no estén representadas por la familia biológica, sino por la familia elegida, los amigos. Con todos ustedes, *Friends* (David Crane y Marta Kauffman, 1994-2004). No hay serie más aspiracional, para más de una generación, que la ficción en la que conocimos a Rachel, Monica, Phoebe, Ross, Chandler y Joey. Aquel piso de Monica, cuyo uso se justificaba por ser herencia de la abuela, puesto que era inviable que nadie con el nivel de ingresos de los protagonistas pudiera disfrutar de un apartamento así. Y ese grupo de amigos, maravilloso en la pantalla, pero seguramente inviable en la vida real, dadas sus muchísimas diferencias de todo tipo. ¿Cuántos bares incluyeron sofás en su local tras el éxito de la serie?

Las ficciones audiovisuales ejercen una enorme influencia sobre nuestro comportamiento, más allá de ir con o sin camiseta, de llevar el peinado de Rachel Green o de decorar nuestra casa según lo visto en la tele. Porque crean la necesidad, pura sociedad de consumo. No se trata de que aspiremos a tal o cual cosa y, en esas, llegue una serie o una película que responda a nuestro deseo, sino de que la serie o la película crean nuestro deseo o nuestra necesidad, conceptos indisociables en el capitalismo. Cuando se estrenó *Todos los hombres del presidente (All the President's Men,* Alan J. Pakula, 1976), la película que contaba la historia de los periodistas que destaparon el caso Watergate, se dispararon las matrículas en las facultades de periodismo. Lo mismo sucedió cuando se emitió la mítica serie *Lou Grant* (Allan Burns, James L. Brooks, Gene Reynolds, 1976-1982), que seguía el día a día de la redacción de un periódico o, en España, *Periodistas* (VV. AA., 1998-2002). O, para el caso de la carrera médica, *House* (David Shore, 2004-2012), *Hospital Central* (VV. AA., 2000-2012) o *Anatomía de Grey (Grey's Anatomy*, Shonda Rhimes, en emisión desde 2005). O el impulso que para los estudios forenses y de criminología supuso la llegada de *CSI* (Jerry Bruckheimer, 2000-2015). *El silencio de los corderos (The silence of the lambs,* Jonathan Demme, 1991) primero y *Expediente X (The X-Files,* Chris Carter, 1993-2002, 2016-2018) después, trajeron consigo que muchas mujeres jóvenes decidieran inscribirse en el FBI con la intención de ser agentes gracias a los personajes de Clarice Starling, interpretada por Jodie Foster, y de Dana Scully, encarnada por Gillian Anderson. En fin, seguro que en su cabeza en estos momentos hay numerosos ejemplos de series y películas que están en la base de las decisiones profesionales y vitales que ha tomado parte del público.

Claro que esto de lo aspiracional tiene sus inconvenientes. Cuando el cruel e implacable Gordon Gecko, protagonista de *Wall Street* (Oliver Stone, 1987); el desquiciado Joker, sea en la versión de Heath Ledger o en la de Joaquin Phoenix, o el imaginario Tyler Durden de *El club de la lucha (Fight Club,* David Fincher, 1999) se convierten en modelos aspiracionales quizá hay que plantearse algunas cosas. El psicópata o el sociópata se han convertido en grandes figuras de nuestro tiempo, y esto va más allá de la fascinación que el mal siempre ha ejercido en nuestra atención. Esto no quiere decir que cualquiera se ponga a matar gente o a poner bombas porque lo ha visto en una película. Por mucho que algunos se coloquen frente al espejo, recitando aquello de «Are you talking to me?», al estilo de Robert de Niro como Travis Bickle en *Taxi Driver* (Martin Scorsese, 1976), no van a liarse a tiros con los vecinos. Los procesos de identificación con las ficciones y sus personajes son muy complejos y la relación entre ver a Lou Grant y querer ser periodista no es de la misma índole que la de ver a un *serial killer* y querer convertirse en uno: por mucho que nos atraiga y fascine el personaje de Hannibal Lecter, nadie ha comenzado a matar gente y a comérsela para emularle, puesto que no es una aspiración como la de querer ser agente del FBI tras admirar a Clarice. Afortunadamente.

Por supuesto que lo de matar a alguien, además de un delito, es una frontera moral, pero hay otras formas de ser psicópata o sociópata, ampliamente aceptadas y jaleadas hoy en día puesto que gran parte de lo que se considera una vida de éxito en el capitalismo requiere de cierto grado de sociopatía o de un umbral de la empatía bajo mínimos. Y así los hay que gobiernan y los hay que son tiburones de los negocios. Y por eso ser Gordon Gecko o el Jordan Belfort de *El lobo de Wall Street (The Wolf of Wall Street,* Martin Scorsese, 2013) es el horizonte de más de un joven estudiante de cualquier escuela de negocios o MBA.

El papel cada vez más relevante de las series en nuestra cultura y la gran oferta de plataformas y, por consiguiente, la necesidad de mucha producción, propician muchos cambios en la ficción televisiva. En nuestro siglo, desde la llamada Edad de Oro, las series son consideradas como un producto cultural de primer orden, a la altura del cine. Eso no quiere decir que antes no hubiera grandes series, que las hubo, pero su lugar en el mundo de la cultura era otro, y esto admite poca discusión. Este estatus y el crecimiento de la producción permiten la aparición de títulos muy diversos y para todo tipo de públicos, una diversidad más que saludable. Es verdad que, con tantos canales y tanta producción, tienden a repetirse las fórmulas de éxito y es fácil encontrar series que se parecen mucho entre sí y no hacen más que clonar modelos, en Netflix especialmente. Pero también es cierto que esa demanda constante deja espacio para nuevas miradas y para cosas diferentes. Se trata de una libertad creativa y temática que implica la representación de otras formas de vida, las rupturas de clichés y convenciones narrativas y también estéticas, la aparición de historias antes no contadas o contadas desde puntos de vista inéditos.

Volviendo a temas que hemos tratado antes, hay que decir que es muchísimo más fácil encontrar ficciones que se alejan de los tópicos familiares o de los cansinos clichés de la representación amorosa en la pequeña pantalla que en la producción cinematográfica. En este terreno hablamos de una auténtica renovación que trae puntos de vista y personajes nuevos gracias, en gran medida, a la presencia cada vez mayor de mujeres creadoras: *Fleabag* (Phoebe Waller-Bridge, 2018-2019), *Catastrophe* (Sharon Horgan y Rob Delaney, 2015-2019), *Master of None* (Aziz Ansari y Alan Yang, 2015-2017), *I love Dick* (Jill Solloway, 2016), *Love* (Judd Apatow, Lesley Arfin y Paul Rust, 2016-2018), *Amor y anarquía (Kärlek & Anarki*, Lisa Langseth, Emma Bucht, 2020-2022), *Heartstopper* (Alice Oseman, en emisión desde 2022), *Sex Education* (Laurie Nunn, 2019-2023), *Gentleman Jack* (Sally Wainwright, 2019-2022), *Insecure* (Issa Rae, 2016-2021), *Vida perfecta* (Leticia Dolera, 2019-2021), entre muchas otras.

La serie *Watchmen* (Damon Lindelof, 2019), basada en el famoso cómic de Alan Moore y Dave Gibbons, se inicia con una larga secuencia ambientada en Tulsa en 1921 que muestra la masacre que sobre la población negra de la ciudad llevaron a cabo grupos de supremacistas blancos. Es un terrible episodio real, la llamada Masacre de Tulsa que, qué cosas, nunca habíamos visto en el cine… porque nunca se había representado. Y eso que pasa por ser el peor incidente de violencia racial en la historia de los Estados Unidos. Pero, y esto es lo grave, no lo conocíamos aquí ni tampoco allí. El peligro de la historia única en todo su lamentable esplendor. Y otra vez el poder de la ficción. Ha tenido que ser una serie de televisión la que ofrezca al mundo un conocimiento que se había escamoteado.

Es un fenómeno interesante, esta revisión, este romper estereotipos, que no se está dando en el cine comercial del mismo modo. *Watchmen* es una serie de vocación comercial y mayoritaria, no es una obra pensada para minorías. Pero es que nada menos que una serie de Marvel, *The Falcon and the Winter Soldier* (Malcolm Spellman, 2021) incide en la misma línea. Planteada para dar a conocer al nuevo Capitán América, un hombre negro, aprovecha para construir un relato que revisa la historia de Estados Unidos en clave afroamericana y denuncia el racismo y las innumerables injusticias que ha sufrido la población negra por parte de la sociedad y, ojo, de los mecanismos del estado, racismo institucional. Una reconstrucción del relato histórico acorde con el que se está llevando a cabo desde la investigación y el activismo, recuperando nombres y hechos que han permanecido ocultos. El desafío que nos plantea esta serie *mainstream*, les recuerdo que estamos en el mundo Marvel y es una producción Disney, es un precioso ejemplo de algunas de las cosas que aquí estamos defendiendo, especialmente la complejidad de los relatos. Como todas las obras de ficción, incluso las más comerciales realizadas desde el centro mismo del imperio, tiene muchas lecturas y requiere abandonar el pensamiento binario, el de buenos y malos, el de sí o no, el me gusta/no me gusta: ¿blanqueamiento de una historia muy compleja? ¿Banalización del racismo? ¿Es ese discurso a favor de la igualdad un modo de domesticar un problema gravísimo? ¿Refuerza, por el contrario, la lucha antirracista? Probablemente, como la polémica y muy estimulante *Barbie* para el feminismo, es todo eso a la vez. Expresión confusa, una más, de un mundo en permanente conflicto.

Cuando nos tocó vivir una película

En febrero de 2020 lo impensable sucedió. El mundo se paralizó y nos tocó encerrarnos en casa, vaciar las calles y evitar el contacto físico para sobrevivir a una pandemia. Mucho miedo y desconcierto, por supuesto, pero también muchos referentes. La situación era inédita para nosotros, pero eso lo habíamos vivido en el cine. Parecía que estábamos en medio de *Contagio (Contagion,* 2011), la película de Steven Soderbergh que, por supuesto, se puso de moda. De pronto, en las ruedas de prensa había militares que nos explicaban la situación y quizá eso no nos chocó todo lo que debería haber chocado y lo aceptamos con bastante naturalidad porque lo habíamos visto en el cine. Y es que la realidad podía ser nueva, pero la imagen no. La conocíamos. Lo mismo que el lenguaje bélico que lo inundó todo, el «esto es una guerra y todos somos soldados». También estábamos familiarizados con la figura de los gestores y responsables agotados y ojerosos dando la cara e intentando tranquilizar a la población. O la angustia del personal sanitario, su sacrificio, su entrega, su capacidad de respuesta. No la habíamos vivido en la realidad, pero las imágenes estaban en nuestra cabeza gracias a películas y, sobre todo, a las series médicas que, desde los inicios de la televisión, nos han contado cómo se vive y trabaja en un hospital, cómo se sufre en urgencias o cómo se responde ante cualquier emergencia, por gigantesca, inesperada o chocante que sea.

Pero pasó algo muy curioso: de muchos de los héroes y heroínas del momento, de algunos grupos de gente que resultaron vital y verdaderamente imprescindibles no teníamos referentes. ¿O acaso hemos visto muchas series o películas protagonizadas por barrenderas, cajeras de supermercado, reponedores, transportistas o limpiadoras? No. De eso no teníamos imágenes en nuestra cabeza ni en nuestro imaginario colectivo. Es aquí donde lo que les he venido contando hasta ahora sobre que todo es discurso y punto de vista se revela como incuestionable. La ficción audiovisual ha privilegiado unos personajes y unas historias respecto a otras y, no encuentro otro modo de decirlo, ha construido una realidad sobre ellas, les ha otorgado una existencia. Son las mismas que privilegia el sistema capitalista en el que vivimos. Claro que hay ficciones sobre obreros y trabajadoras, pero son pocas y la mayoría de ellas encajan en dos categorías bien diferenciadas y, a veces, casi opuestas: o son comedias, donde estos personajes tienden al cliché, a veces muy ofensivo y derivan de una mirada clasista, o son obras singulares y autorales, de esas que forman parte del cine minoritario, el que se estrena en salas pequeñas, cines de versión original o plataformas sin apenas publicidad: Aki Kaurismaki, los hermanos Dardenne, Robert Guédiguian, el Neorrealismo, Ken Loach, Kelly Reichardt, el cine político italiano de los años setenta, Barbara Kopple, etc. Claro que también es cierto que tuvo que llegar una pandemia para que, colectivamente, nos planteáramos lo esenciales que eran estos trabajos en nuestras vidas y nuestro sistema y lo mal considerados, y mal pagados, que están, así que no es de extrañar su falta de representación en el mundo audiovisual. En cualquier caso, por la parte que nos interesa, con esto no había forma de confundir realidad con ficción.

Y antes de la pandemia, hubo otro momento en el que vivimos todos como en una película. Efectivamente, el 11 de septiembre de 2001, los atentados contra las Torres Gemelas. La incredulidad ante la visión de un avión incrustado en un rascacielos y el desplome de los edificios se mezcló con cierta sensación de *déja vu*, de «esto ya lo he visto antes». De hecho fue una de las frases más repetidas, ese «es como una película». Lo que nos parecía increíble era que aquello se convirtiera en realidad. No obstante, muchas de las imágenes que nos ofreció ese día han modificado el modo en que la ficción representa algunas cosas. Está claro que el auge en los últimos años de los bomberos y los equipos de emergencias en las series de ficción, por más que han sido personajes habituales en televisión y cine, se debe al impacto del 11S: *Equipo de rescate (Rescue Me,* Denis Leary y Peter Tolan, 2004-2011), *Chicago Fire* (Michael Brandt y Derek Haas, en emisión desde 2012), *9-1-1* y *9-1-1 Lone Star* (Ryan Murphy, Brad Falchuk y Tim Minear, en emisión desde 2018 y 2019 respectivamente) o *Estación 19* (Stacy McKee, en emisión desde 2018). Por no hablar de los relatos sobre conspiraciones y los originados, sobre todo en Hollywood, en la paranoia social frente a un enemigo exterior, pero también interior, evasivo y escurridizo, como *Homeland* (Howard Gordon, Chip Johannessen y Alex Gansa, 2011-2020). O de la profusión de superhéroes de todo pelaje y condición que ha invadido las pantallas grandes y pequeñas en lo que llevamos de siglo, expresión intensa y popular del miedo colectivo y de la conversión de la seguridad en un valor supremo en Occidente y respuesta simbólica al deseo de defensa frente a un enemigo incontrolable y particularmente sibilino. Las películas y las series escenifican una y otra vez el apocalipsis, la destrucción total, el final del mundo. Pero esto es harina de otro costal, porque el influjo del 11S en las ficciones es inmenso, complejo y heterogéneo y da para un buen puñado de ensayos e investigaciones.

En el terreno estrictamente visual y estético, por ejemplo, las gigantescas y densas nubes de polvo en suspensión en las calles, que volvían totalmente grises a edificios, coches y personas, y que nos asombraron en septiembre de 2001 se han convertido en un cliché del cine y las series de acción. Antes del 11S es muy raro encontrar esas imágenes grises, sin color, ni siquiera en el cine de catástrofes; sin embargo, ahora no hay serie o película de acción en la que no contemplemos alguna secuencia que quita el color de la pantalla debido al polvo que cae inmisericorde sobre las personas y objetos desdibujando sus contornos y que, la rima es inmediata e inevitable, evocan aquellos días. Creo que no es ninguna exageración decir que las imágenes del 11S y los días posteriores han marcado y cambiado la forma de recrear cinematográficamente explosiones y catástrofes y sus efectos en la ciudad y las calles. Verbigracia, y por poner un ejemplo bien conocido, la destrucción de Nueva York en la parte final de *Los Vengadores (The Avengers,* Josh Whedon, 2012), que, aunque se trate de un ataque extraterrestre, contiene muchos planos que recuerdan poderosamente lo que vimos en nuestras pantallas el 11S. Si cuando aquello sucedió nos pareció estar viendo una película ahora son las películas las que remedan lo que sucedió. Realidad y ficción se retroalimentan constantemente.

Muchos intérpretes se ven obligado a vivir en una permanente ficción, porque el público no les deja salir de su personaje. Puede parecer banal, pero es uno de los aspectos más llamativos de la confusión entre ficción y realidad. No me refiero a tropezarse con un actor en la calle y llamarlo por el nombre de su personaje, eso no deja de ser un juego. Hablo de no separar uno de otro. Actores que interpretan personajes odiosos sufren ese odio en sus redes o en apariciones públicas, como el actor que interpretaba a Joffrey Baratheon en *Game of Thrones*, Jack Gleason. O intérpretes que se ven obligados a aclarar que la película es una ficción, como le pasó a Liam Neeson tras protagonizar *Venganza (Taken,* Pierre Morel, 2008) e iniciar su exitosa carrera como actor de acción. Recibió multitud de cartas y mensajes de padres americanos agradeciéndole que les hubiera mostrado los peligros de que las jóvenes viajen solas a Francia. Neeson les escribió a todos explicando que se habían exagerado los peligros porque era una historia inventada y que París es un destino muy seguro. El crítico César Bardés en su cuenta de X —antes twitter— explica anécdotas de rodajes, de donde ha salido la de Neeson, y cuenta otra muy significativa. La madre del niño que interpreta al hijo del protagonista de *Pozos de ambición (There Will Be Blood,* Paul Thomas Anderson, 2007) se negaba a que lo hiciera porque le horrorizaba Daniel Day Lewis: le parecía un monstruo ya que era el odioso carnicero de *Gangs of New York*. Le tuvieron que proyectar *La edad de la inocencia (The age of innocence,* 1993), para que, tras ver el pacífico y tranquilo personaje de Lewis en la película de Scorsese, se quedara tranquila. Es un caso bastante extremo y puede que enfermizo, pero así son las cosas.

¿Cómo lo resolvemos?

En 2019, a raíz de un informe de una asociación antitabaco con el imponente nombre de *The Truth Initiative,* Netflix decidió dejar de mostrar cigarrillos en sus producciones dirigidas a públicos menores de 14 años, «excepto por razones de precisión histórica». En cuanto a la programación dirigida a adultos, se comprometió a eliminarlos, «a menos que sea esencial para la visión del artista o porque sea definitoria del personaje, histórica o culturalmente importante». En dicho informe, y cito literalmente, dice lo siguiente: «Según la audiencia estimada de estos programas, los resultados sugieren que aproximadamente 28 millones de jóvenes fueron expuestos al tabaco a través de programas de televisión y *streaming*». A ver, camaradas de la Iniciativa de la Verdad, expuestos expuestos no están, que el humo no les llega a la cara ni a los pulmones porque solo lo ven a través de una pantalla. Y no es lo mismo, no. Están expuestos a la contaminación cuando van por la calle y reciben las emisiones de los coches, o a las grasas trans cuando comen comida basura, o a la violencia si viven en un entorno de conflicto. ¿Hace falta que diga de nuevo que conviene distinguir realidad de ficción?

Veamos algunas cifras del informe. En él se contabilizan 262 referencias al tabaco en *Stranger Things*. Así, rápidamente, recordamos que en la serie sale un policía cuarentón, deprimido y con evidentes problemas de autoestima fumando. Y un *pepito piscinas* hortera poseído por un monstruo alienígena que no para de fumar —el hortera, no el monstruo—. Seguro que nuestros adolescentes van a ponerse a fumar como carreteros para imitar al triste *sheriff* y al chulo idiota del pueblo. En *Unbreakable Kimmy Schmidt* sale en una escena una pared llena de productos de tabaco. Exactamente 292, que los han contado. No se fuma en la serie, pero ¡esa pared! Es que es verla y salir corriendo al estanco. Y no hablemos de *Orange is the new black*, ahí, en la cárcel, fumando, hasta 232 veces, cómo se les ocurre. Esas son las cifras y las series que provocaron la decisión de Netflix. Una cuestión de cantidad, como todo en el capitalismo; nada de analizar quién fuma, cuándo y por qué. Me imagino a los señores y señoras de la asociación con sus libretitas y sus lápices contando aplicadamente cada vez que sale un cigarrillo o una cajetilla y frunciendo el ceño. ¡Mira, uno! ¡Otro más! ¡Y otro! Es un modo de ver las series, no voy aquí a censurar los hábitos de consumo de nadie, que hay quien las ve planchando o mirando el móvil. Y da gusto lo exactos que son, no solo por contar las cajetillas que hay en una pared, que tiene su mérito, sino porque han sido capaces de determinar que un 37 % de los nuevos fumadores jóvenes se deben a la cantidad de impactos que reciben a través de las películas y series de televisión.

Parece ser que el estudio contabilizó un total de 1209 casos durante la temporada 2016-2017 de televisión por cable. Francamente, 1207 apariciones de tabaco no me parecen muchas. Probablemente hemos visto más representaciones de asesinatos o de coches —que matan más que el tabaco—, o de bodas pastelosas en comedias románticas que evocan eso de la media naranja y el príncipe azul. O de hamburguesas y batidos, banderas americanas, crucifijos, drogas, armas, etc. Por supuesto que el tabaco es malo, eso no lo discute nadie. Y sabemos que las tabacaleras presionan para que aparezca gente fumando en las producciones audiovisuales. Pero no es lo único malo que muestran las series y, desde luego, la solución no es limitar la libertad de creación, que se sabe dónde empiezan los límites, eliminando cigarrillos, pero no dónde se acaban.

Y ya que hemos hablado de soluciones, toca pensar alguna. Censurar e impedir determinadas imágenes y relatos o evitar que circulen desde luego no es, eso es parte esencial del problema. Que las pantallas estén copadas, por imperativo comercial de un libre mercado que no tiene nada de libre, por producciones que vienen siempre del mismo lugar, Hollywood, y de ficciones muy parecidas entre sí acaba siendo una forma de censura. No deja espacio, o solo una rendija, para que se vean otras películas, otras formas de contar, otras miradas desde otros países y realidades. Y esa es la raíz de muchas de las cuestiones que aquí hemos planteado, como la omnipresencia del relato único.

En una ficción cabe todo: personajes positivos y malvados terribles, gente que fuma y gente que mata, gente que bebe, que se droga, que ayuda, que pasea; paisajes cotidianos y planetas lejanos; amor, odio, violencia, sexo, belleza, fealdad, asco, miedo, placer, alegría. Que confundamos realidad y ficción no es culpa de la ficción, sino del modo en que nos acercamos a ella. Así que, como solución, no se me ocurre otra que educación, educación, educación. Más educación en imágenes, en el modo en que se construyen, en cómo se crea sentido a través del montaje. Que yo no tuviera que explicar en este ensayo qué es el montaje, el *raccord* o la continuidad. Es una ausencia clamorosa en los planes de estudio, teniendo en cuenta el consumo de imágenes actual. El analfabetismo audiovisual es un problema educacional muy importante, esto es así. ¿Recuerdan la pregunta que nos hacíamos ante *Operación Ogro* o *Las Hurdes*? Aquello de: ¿dónde está la cámara? ¿Por qué hay más de un plano? Imposible hacerse estas preguntas sin un conocimiento previo de algunos mecanismos de construcción de la imagen. O, mucho más grave, sin la conciencia clara de que es una imagen construida por alguien, no el mundo revelándose ante el objetivo de la cámara sin mediación.

Y, puede que algunos se hayan dado cuenta, no hemos dicho nada sobre la llegada de la inteligencia artificial y el enorme desafío que supone. Ha sido deliberado, nos complica mucha la vida y la reflexión. Aquí siento, creo que como todos, que no hago pie y soy incapaz de prever qué pasará. Si ahora, sin IA, ficción y realidad se mezclan con bastante facilidad, ¿qué haremos con las inabarcables posibilidades de manipulación de la imagen que ofrece la IA? ¿Las detectaremos? ¿Cómo modificarán nuestra relación con la realidad o con la información? ¿En manos de quién va a estar? De forma difusa e intuitiva siento que en ese futuro no muy lejano en el que reine la IA seguirá habiendo cine y obras audiovisuales como las de ahora, con actores y actrices de carne y hueso, filmadas en lugares reales donde veremos soplar el viento, caer la lluvia, lucir el sol. El rostro seguirá siendo el paisaje del cine. Y nos emocionaremos, reiremos, lloraremos y sufriremos. Solo que esas obras convivirán, como ahora conviven muchas formas de arte muy antiguas con otras modernas, con creaciones hechas por máquinas que en este instante no podemos ni imaginar. Supongo que aprenderemos a convivir con la confusión. Al fin y al cabo, así ha sido siempre, desde que aquel ser humano, vete a saber por qué, decidió pintar algo en una pared de roca.

Bibliografía

ADICHIE, Chimamanda Ngozi (2018) *El peligro de la historia única*, Random House (Barcelona).

AUMONT, Jacques (1997) *El ojo interminable*, Paidós (Barcelona).

AUMONT, Jacques y otros (1995) *Estética del cine. Espacio fílmico, montaje, narración, lenguaje*, Paidós (Barcelona).

BALLÓ, Jordi y PÉREZ, Xavier (1997) *La semilla inmortal. Los argumentos universales en el cine*, Anagrama (Barcelona).

BALLÓ, Jordi (2006) *Imágenes del silencio. Los motivos visuales en el cine*, Anagrama (Barcelona).

GUBERN, Román (1996) *Del bisonte a la realidad virtual. La escena y el laberinto*, Anagrama (Barcelona).

ECO, Umberto (1984) *Apostillas a El nombre de la rosa*, Lumen (Barcelona).

GORKI, Máximo (1981) «El reino de las sombras», en Harry M. Geduld, *Los escritores frente al cine*, Fundamentos (Madrid).

GARCÍA MARSILLA, Juan Vicente, ORTIZ VILLETA, Áurea (2017) *Del castillo al plató. 50 miradas de cine sobre la Edad Media*, Editorial UOC (Barcelona).

LIPOVETSKY, Gilles y SERROY, Jean (2009) *La pantalla global. Cultura mediática y cine en la era hipermoderna*, Anagrama (Barcelona).

ORTIZ, Áurea y PIQUERAS, Mª Jesús (1995) *La pintura en el cine. Cuestiones de representación visual*, Paidós (Barcelona).

Desde Barlin Libros agradecemos tu
interés por *El arte de inventar la realidad*.
Para enterarte de todas nuestras
novedades y publicaciones
no dudes en visitarnos en:

www.barlinlibros.org

Y seguirnos en:
@barlinlibros

Asimismo, te invitamos a trasladarnos
cualquier consulta, duda, comentario
o sugerencia a través de nuestro e-mail:

editorial@barlinlibros.org

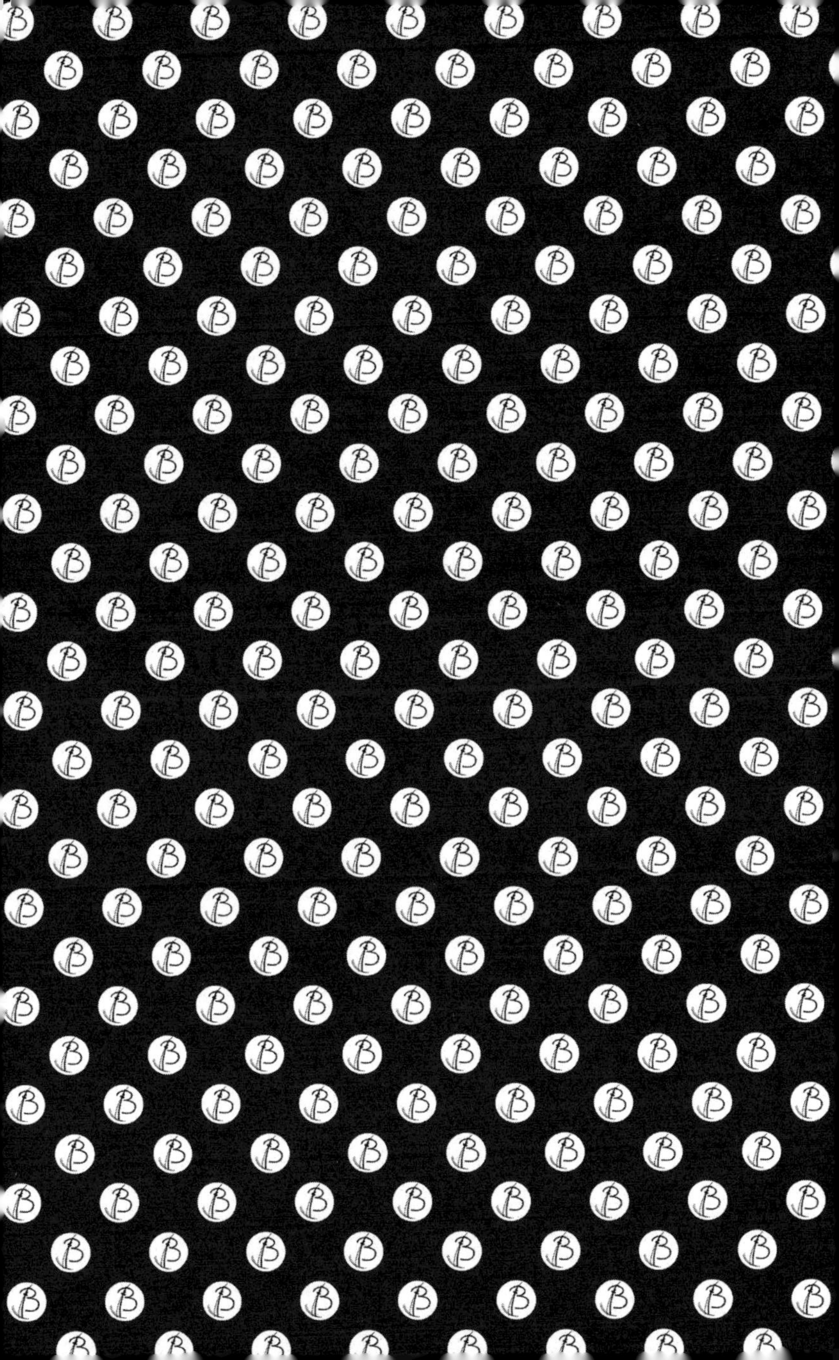

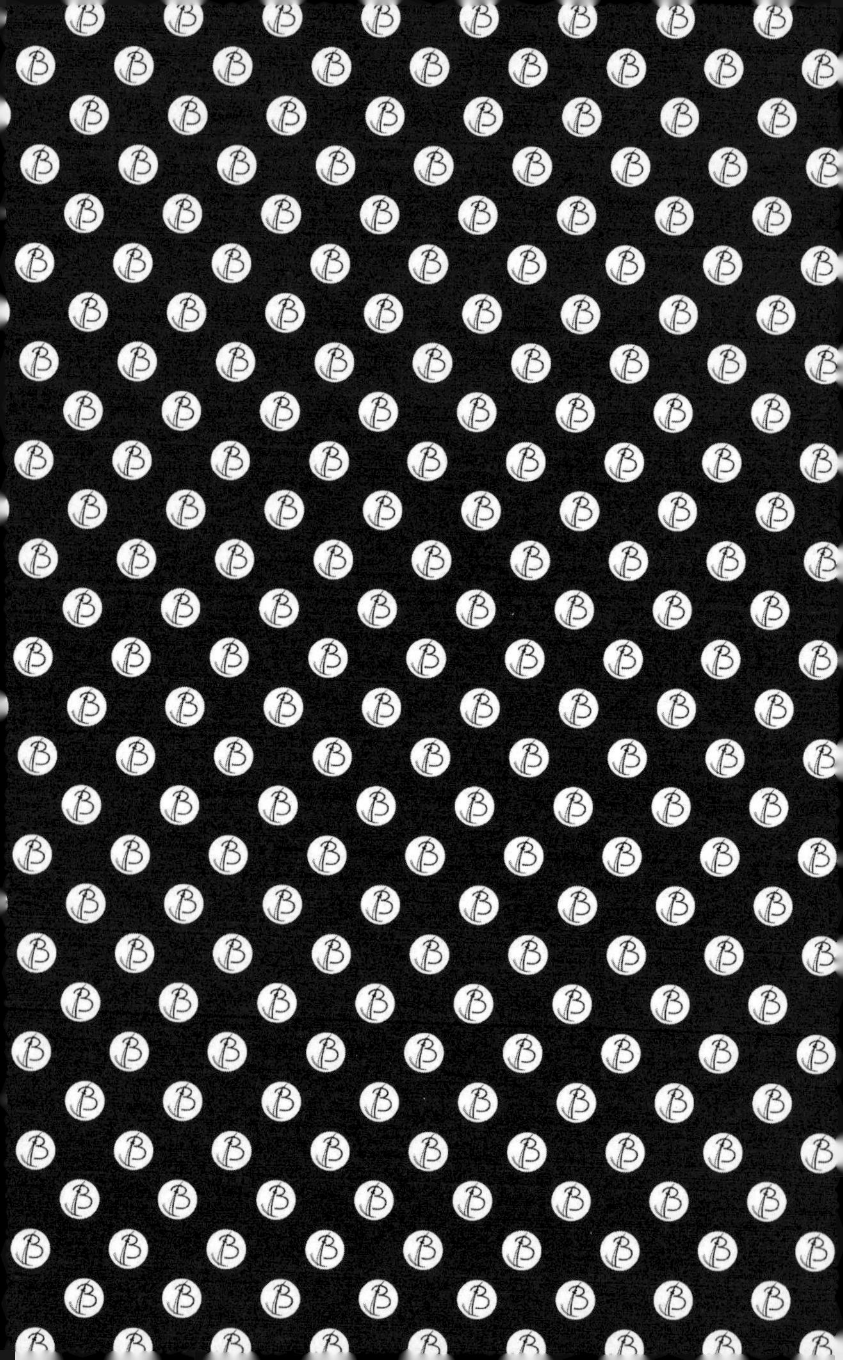

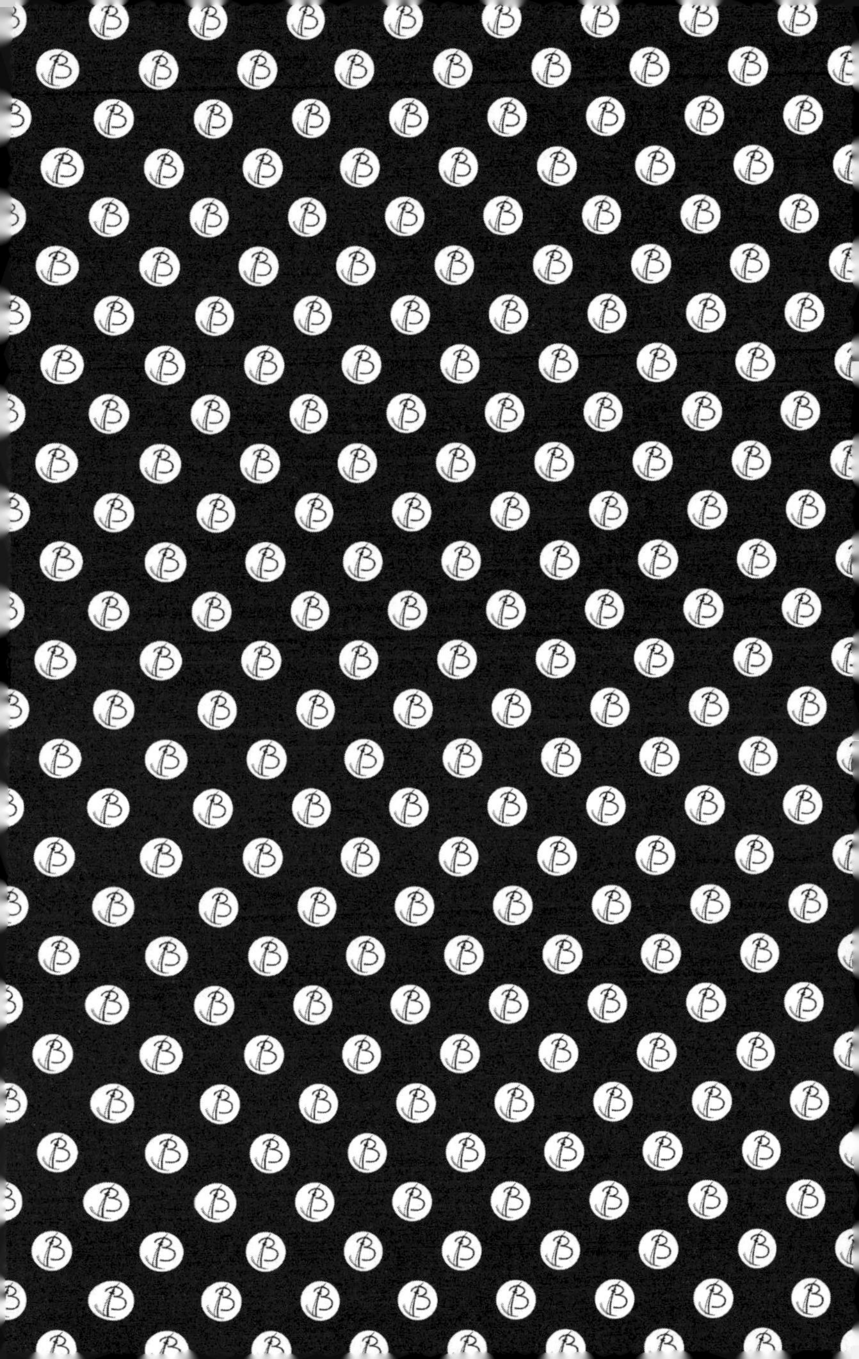

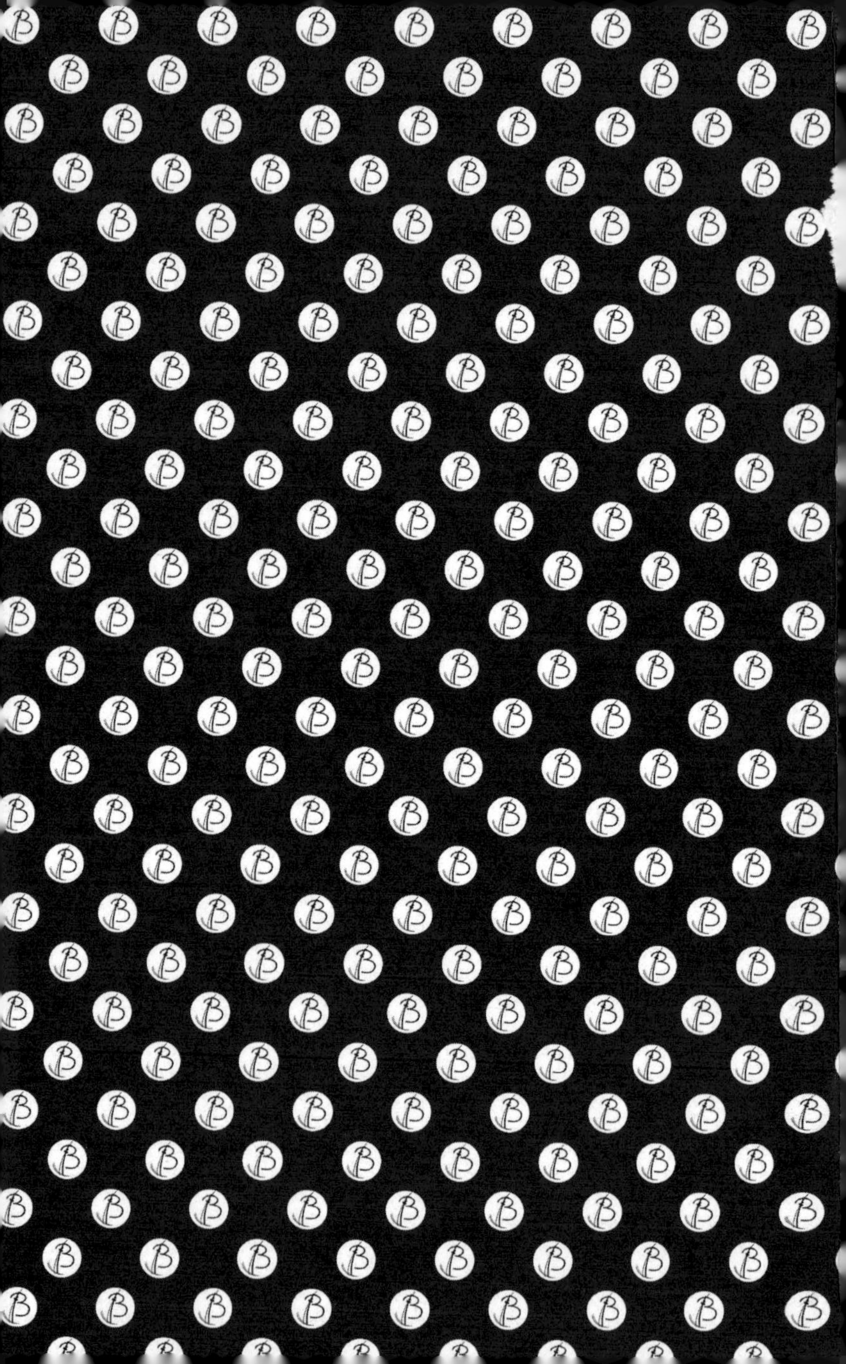

AF598400